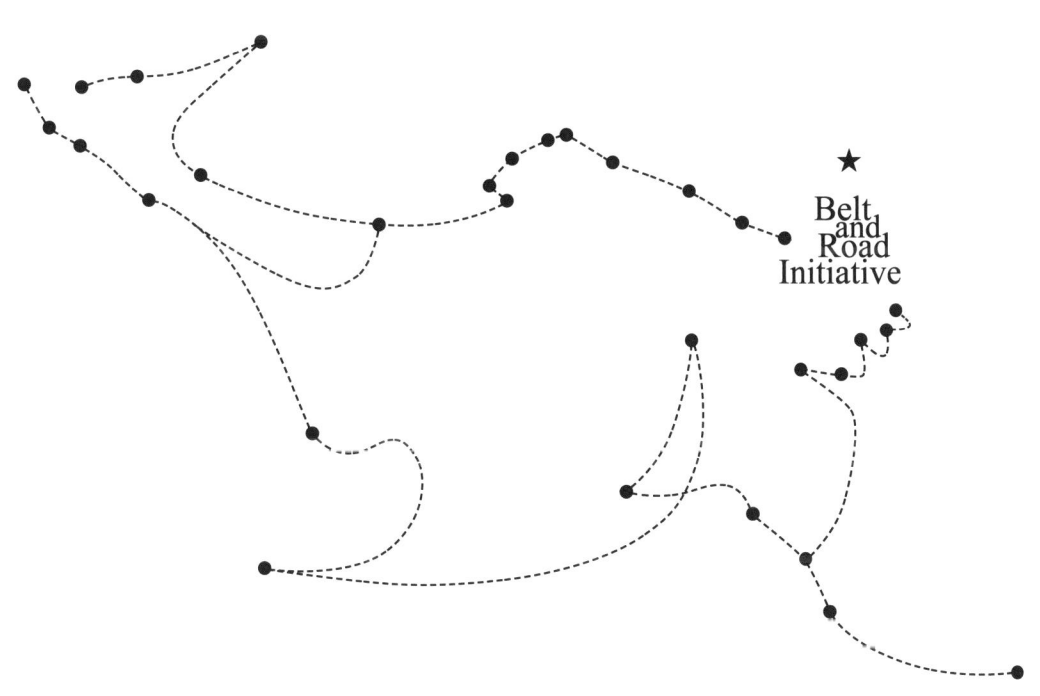

Belt
and
Road
Initiative

大道同行

世界新丝路

张东刚 主编

前言

"一带一路"十年来给世界带来的变化前所未有,"一带一路"具备的开创性、连通性、现代性、可持续性正在全面改变世界格局。"一带一路"给世界带来五个层面的变化:一是从理念层面上,"一带一路"是发展中国家首次提出的影响全球的国际合作倡议,改变了原有的中心-边缘的国际秩序,正在构建所有国家一律平等的全球伙伴关系网络。二是从物理层面上,通过近200个国家和国际组织共建,"一带一路"通过基础设施建设,提升了数字经济时代各国之间的互联互通水平,促进了包括世界五大洲四大洋的互联互通和紧密合作,加速了这些国家现代化的进程。三是从经贸层面上,"一带一路"通过贸易投资金融的自由化便利化,世界银行预计有望将实际收入扩展2到4倍，"一带一路"对冲世界经济下行压力，成为世界经济增长的主引擎、动力源。四是从民生层面上，"一带一路"切实地改善和提高了民众福祉，将老挝和中亚的一些国家从陆锁国变陆联国，与海洋直接连接，帮助成百上千万人彻底摆脱贫困，从根本上提升了民众的福祉。五是从治理层面上，"一带一路"倡议正在践行全球发展倡议、全球安全倡议、全球文明倡议，"一带一路"正在切实构建责任共同体、利益共同体、安全共同体、发展共同体、健康共同体和生命共同体，为构建人类命运共同体做出努力。

未来，"一带一路"将与中国式现代化道路建设同频共振。"一带一路"将是和平发展的"一带一路"，更加着眼于维护政治安全，去除"一带一路"中的政治不稳定因素；是共同富裕的"一带一路"，通过推动新型的经济全球化来促进全球经济发展的复苏；是文明互鉴的"一带一路"，通过文明的交流互鉴，深化民心相通，重塑人们的"世界观"；是数字创新的"一带一路"，新基建布局向海洋、太空进行全方位拓展，构建"一带一路一网"的格局；是绿色低碳的"一带一路"，绿色发展生态文明体系将会更加完善。

目录

导语

第一章 "一带一路"给世界带来什么

为什么要高质量共建"一带一路" /014

"一带一路"多维度完善全球治理、创新全球发展观 /015

"一带一路"开创全球安全观、维护国际秩序 /017

"一带一路""五通"拉近了全球伙伴关系网络 /021

"一带一路"提升全球化、现代化水平 /024

"一带一路"旨在人类命运共同体,绝非朝贡体系或马歇尔计划 /027

"一带一路"十年发展展望 /030

第二章 "一带一路"政策沟通

政策沟通十年历程 /038

破解三大不实论调 /045

政策沟通十年展望 /050

第三章 "一带一路"民心相通

十年全方位交流合作 /058

增进交流了解、破除误解与抹黑 /070

未来再续民心相通佳话 /074

第四章 "一带一路"贸易畅通

"一带一路"开创国际贸易畅通新格局 /080

"一带一路"贸易畅通这十年 /087

"一带一路"贸易畅通对国际贸易的实际作用 /095

"一带一路"贸易畅通化误解为凝聚 /098

"一带一路"贸易畅通的未来遐想 /101

第五章 "一带一路"设施联通

"一带一路"基础设施建设整体进展 /108
"一带一路"多维剖析基建项目案例 /111
"一带一路"基础设施建设的挑战 /121
"一带一路"设施联通的未来展望 /124

第六章 "一带一路"资金融通

有效投资助力建设明星项目 /132
"债权帝国主义"与"货币霸权"指责不合实际 /143
"一带一路"资金融通未来十年展望 /152

第七章 "一带一路"产能合作

"一带一路"产能合作推动沿线国家经济全面发展 /160
"一带一路"钢铁产能合作坚持"惠民"原则 /162
"一带一路"电力产能合作践行绿色发展观 /170
"一带一路"产能合作未来展望 /177

第八章 "一带一路"未来畅想

和平发展的"一带一路" /182
共同富裕的"一带一路" /186
文明互鉴的"一带一路" /190
数字创新的"一带一路" /193
绿色低碳的"一带一路" /197

导语

"一带一路"提出的十年前,全球并未根本走出美国金融危机和欧债危机,全球仍处于治理赤字、发展赤字、和平赤字、信任赤字当中。世界步入新的动荡变革期,面临世界秩序的严重失序,大国博弈愈演愈烈处于关键窗口期,这也是世界经济低迷期。全球亟待增长动能,世界将向何处去,人类将如何发展?为了回答世界之问、历史之问、时代之问、人民之问,"一带一路"倡议正是中国给予世界的正确答案,是经济全球化的正确打开方式,是全球治理的新智慧新作为。

"一带一路"究竟是什么?在2017年第一届"一带一路"国际合作高峰论坛上,习近平主席指出,"一带一路"是通过加强各国的基础设施建设及互联互通，对接各国的发展战略，通过务实合作来实现共同发展和共同繁荣。

2023年是"一带一路"倡议提出的第十个年头。"一带一路"十年来不仅给世界带来了硬件基础设施建设的联通，而且通过规则标准的软联通给世界带来新秩序，更为关键的是通过心联通加强了各国人文交流与密切合作。

"一带一路"倡导和践行多边主义，"一带一路"由中国提出，但是属于世界。十年来，全球超过180个国家和国际组织与中国签署了200多份共建"一带一路"文件。从高效双边发展战略的对接到多边合作，到通过基础设施建设与互联互通来实现共同发展和共同繁荣，从实践看，"一带一路"从根本上改善了相关国家的民生，提高了人民福祉，并辐射带动世界各国经济发展，为完善全球治理贡献力量，为塑造持久和平稳定局面贡献力量。

第一章

"一带一路"给世界带来什么

Belt
and
Road
Initiative

为什么要高质量共建"一带一路"

世界步入新的动荡变革期，我们所处的世界面临着共同的挑战，这些风险包括但不限于新冠疫情等公共卫生风险、乌克兰危机等地缘政治风险、逆全球化带来的贸易保护主义风险、通货膨胀带来的粮食供应风险、供给冲击带来的能源危机，以及世界经济增长下行压力加大、气候变化等诸如此类挑战。

当下经济全球化不仅受到新冠疫情冲击阴霾的影响，面临着逆全球化思潮的严峻挑战，更面临单边主义和保护主义挑战。然而，在数字经济时代，实际数据显示经济全球化并未停止。"一带一路"正通过数字丝绸之路、健康丝绸之路等推进经济全球化。"一带一路"所倡导和推进的是开放、包容、平衡、普惠、共赢的经济全球化，不仅带来贸易和金融发展，进一步降低成本与风险，而且显著提升人民生活水平。

从发展来看，据世界银行测算，"一带一路"倡议提出之前，包括中巴经济走廊在内的六大经济走廊的贸易低于其潜力的30%，外国直接投资低于其潜力的70%。"一带一路"不仅促进区域贸易，而且提升了本地区的经贸和投资，带动经济发展和人民福祉提升。

从历史上看，全球化大致经历两次浪潮，从导致第一次世界大战的"第一次浪潮"的全球化，在经历了两次世界大战期间的"大逆转"后，发展到第二次世界大战后"第二次浪潮"的全球化。贸易金融关系明晰，经济全球化带来贫困下降、收入及福利水平上升。这正是"一带一路"为什么要推动贸易畅通的原因,"一带一路"不仅仅是建构基于交通、信息等基础设施的互联互通,更要加强政策沟通,特别是贸易畅通,目的正是为了加强制度、规则、规制和管理的互联互通,目的是促进贸易和金融的开放。只有开放才能降低关税壁垒和非关税壁垒,才能促进各国之间的贸易往来,金融开放伴随贸易增长而不断发展和繁荣,我们的收入和福祉才能不断提升。这就是贸易畅通的本质。

"一带一路"
多维度完善全球治理,创新全球发展观

共商、共建、共享的全球治理观

"一带一路"倡导所有国家一律平等,在政策沟通、设施联通、贸易畅通、资金融通和民心相通的实践中贯彻共商共建共享的原则。"一带一路"从2013年就提出共商共建共享的原则理念,这是"一带一路"与原有的全球治理观的根本不同,更与欧美输出殖民地、输出战争有着本质的不同,与马歇尔计划的输出过剩产能有着本质的区别。"一带一路"反对逆全球化和贸易保护主义,真正践行多边主义,通过"五通"来促进国际合作。

"一带一路"通过加强政策沟通,来对接各国的发展战略,有计划、有步骤地推进基础设施建设和贸易投资自由化便利

化。十年来，我国与150多个国家和30多个国际组织签署了200多份共建"一带一路"合作文件，是为了促进当地经济发展，促进双多边的经济合作，推动"一带一路"相关国家共同发展和共同繁荣。

共同发展、共同繁荣的全球发展观

在高质量共建"一带一路"的过程中，习近平主席提出全球发展倡议，这既是对"一带一路"的高度概括，也是为了推进全球发展，更是为了落实联合国2030可持续发展议程。中国结合全球发展过程中遇到的紧迫的粮食问题、互联互通问题、工业化问题等提出全球发展倡议，并举办上百个国家的全球发展高层对话会，不仅促进联合国2030可持续发展议程的落实，更加促进发展中国家和新兴经济体的快速发展并为参与完善全球治理贡献力量。

"一带一路"全方位提升国际合作水平

从历史的维度看，古丝绸之路有2000多年的悠久历史，"一带一路"是亚非欧各国共同追忆和通过实际行动来恢复繁荣的丝绸之路。十年来，"一带一路"不仅发掘、发现了丝绸之路的发展潜力和共同发展的历史，而且通过设施联通和民心相通促进"一带一路"相关国家的共同繁荣。"一带一路"是一条联通亚非欧的繁荣的贸易之路，2000多年前的古丝绸之路时期，一磅丝绸的价值超过一磅黄金的价值，一杯茶的价值差不多是一杯咖啡价值的十倍。那时的丝绸对包括罗马帝国在内的西方来说，是绝对的奢侈品。

从空间维度来看，"一带一路"构建了中巴经济走廊、中国－中南半岛经济走廊等六大经济走廊，不仅如此，"一带一路"实际上从陆上到海上，从海上到空中，从线下到线上，实现了陆海空网的互联互通立体多维空间格局。

从金融维度来看，"一带一路"倡议的提出正值世界没有根本走出2008年美国金融危机和2009年欧债危机的经济大环境下，世界经济增长动能严重不足，基础设施互联互通的能力和水平不高，仅仅亚洲地区的基础设施资金缺口每年就超过1万亿美元。十年来，400亿美元注册资本的丝路基金建成，而且后续追加了1000亿元，在加强"一带一路"的基础设施建设、资源开发和产能合作方面贡献了巨大力量。不仅如此，由中国作为发起国，注册资本1000亿美元的亚洲基础设施投资银行建成，成立不到8年，成员国已经超过105个，并在亚洲、非洲、欧洲、拉美等世界各地为基础设施建设贡献力量。

"一带一路"
开创全球安全观，维护国际秩序

古代丝绸之路的发展使人们享受到和平、繁荣、稳定、友好交流，基于古代丝绸之路的带有现代化特征的"一带一路"更是为了世界的和平、繁荣和稳定积极贡献智慧和力量。全球安全是发展的重要前提和根本保障，"一带一路"给世界带来和平、安全与稳定。"一带一路"通过提高沿线国家的互联互通能力，提高经济自主性和发展的安全稳定性，从根本上解决永久和平和普遍安全问题。

全球安全倡议是维护世界和平的新理念

2022年4月，在博鳌亚洲论坛上中国提出了全球安全倡议，坚持共同、综合、合作、可持续的安全观。这为全球解决安全问题、构建安全共同体提出了中国方案和中国智慧。

"一带一路"提升全球安全观，建构国际秩序，维护世界和平、安全与稳定。2013年，习近平担任国家主席后首次出访时，深刻阐明对世界安全问题的看法："越是面临全球性挑战，越要合作应对，共同变压力为动力、化危机为生机。"面对错综复杂的国际安全威胁，既不能靠单打独斗，更不能迷信武力，"合作安全、集体安全、共同安全才是解决问题的正确选择"。

2014年，在亚洲相互协作与信任措施会议的第四次峰会上，习近平主席提出积极倡导共同、综合、合作、可持续的亚洲安全观。2017年，在日内瓦的"共商共筑人类命运共同体"高级别会议上，习近平主席提出"坚持共建共享，建设一个普遍安全的世界"。

2020年，在上海合作组织成员国元首理事会第20次会议上，习近平主席提出"维护安全和稳定，构建安全共同体"。2022年，在博鳌亚洲论坛上，习近平主席提出了全球安全倡议，即共同、综合、合作、可持续的安全观，共同构建人类安全共同体。

全球安全倡议超越西方地缘政治理论

全球安全倡议是中国提出的系统、完整的国际安全新理念，超越西方的安全观，越来越被国际社会普遍认同。全球安全倡议摒弃西方虚伪的民主和平论观点，抛弃了国强必霸的做法，更加摒弃零和博弈和冷战思维的做法。

西方的安全观或者和平论多是建构在地缘政治安全基础之上，包括但不限于三个安全理论，而这些安全理论都是建构在不平等基础上的世界格局与国际秩序上。

一是安全困境理论。安全困境理论建构在零和博弈和冷战思维的基础之上，该理论提出，由于国际失序和无政府，国家之间普遍存在安全困境。由此，一个国家的安全就需要建构在他国不安全的基础上，目前西方的所谓安全观多基于此。

二是修昔底德陷阱。这同样是建构在零和博弈、你输我赢的传统安全观的基础之上。历史上雅典实力的增长，给斯巴达带来更深的恐惧，两者之间不可避免地发生了战争。由此带来的演绎就是崛起大国与守成大国之间难以避免的一战。

三是金德尔伯格陷阱。这是建立在西方鼓吹的霸权稳定论的基础之上，只有掌握了霸权方能带来稳定，反过来霸权垮台就带来了不稳定，而霸权的更迭就不可避免地伴随战争。这是明显为了维护霸权主义所臆想出来，并维护其冷战思维的产物。

康德的永久和平论实际上说明了人与人之间、国与国之间、全球范围的安全观。康德提出永久和平六个先决条件，提出了三个前提：一是建立国际联盟，二是民主国家，三是自由贸易。而"一带一路"建立全球伙伴关系，坚持结伴而不结盟，在全球推进自由贸易，加强贸易投资的自由化、便利化，推进开放、包容、平衡、普惠、共赢的经济全球化。"一带一路"从根本上解决各国不安全、不稳定、不确定因素，推进人类安全共同体、责任共同体、利益共同体的构建，进而实现人类命运共同体。

"一带一路"从根本上维护和平的国际秩序

全球安全倡议包括的六个坚持内涵丰富。一是坚持共同、综合、合作、可持续的安全观；二是坚持尊重各国主权、领土完整；三是坚持遵守联合国宪章宗旨和原则；四是坚持重视各国合理安全关切；五是坚持通过对话协商以和平方式解决国家间的分歧和争端；六是坚持统筹维护传统领域和非传统领域安全。

坚持共同、综合、合作、可持续的安全观。共同是尊重和保障每个国家安全，综合是统筹维护传统领域和非传统领域安全，合作是通过对话合作促进各国及本地区安全，可持续是将发展和安全并重以实现持久安全。

分解来看，共同是指安全范围，如中国减贫实践一个人都不能少，在全球安全倡议中，在高质量共建"一带一路"中，则是"每一个国家都不能掉队"。综合是指安全范畴，涵盖传统安全与非传统安全。合作是维护实现安全目标的方式方法，通过高质量共建"一带一路"来加强国际合作，实现共同发展、合作安全。可持续是指安全利益与安全保障长期稳定，并非短期权宜之计。"一带一路"倡导的共同、综合、合作、可持续的安全观，并非有的国家打着民主国家的幌子，输出战争、模式和制裁。"一带一路"倡导全球安全观和构建安全共同体，是全球安全倡议的核心理念，也是引领国际社会破解人类安全难题、维护世界和平安宁的重要理念。

"一带一路"给世界带来安全发展，凡是与中国签署共建"一带一路"文件的国家，凡是有建立在共同、综合、合作、可持续安全观基础上的安全架构与安全模式都是有效的。

俄乌冲突表明传统安全问题仍然威胁着欧亚大陆的和平与稳定，而全面有效的欧洲安全构架并未建立，其中最为核心的问题是如何处理好国与国之间的安全关系。高质量共建"一带一路"正通过国际合作，推进经济全球化，全球安全倡议所倡导的共同、综合、合作、可持续的安全观将为全球共同维护世界和平提供理论与实践支撑。

"一带一路""五通"拉近了全球伙伴关系网络

"五通"致力于促进世界的互联互通。在新冠疫情期间，中欧班列成为补充航空、海运的重要通道，不仅是经济大动脉，而且是生命的通道。我们需要通过高质量共建"一带一路"来解决贸易摩擦问题、经济增长问题、和平发展问题、可持续发展问题，甚至是全球治理问题。

政策沟通是"一带一路"的重要保障

中国与150多个国家和30多个国际组织签署共建"一带一路"文件，首届中阿峰会、中海峰会也成功举办，提出中阿务实合作的八大共同行动。此外，中非合作深入推进，中拉合作全面开启。"一带一路"被写入联合国文件，在中国被写入党章、写入2013年以来每年的政府工作报告和党的二十大报告，成为中国高水平对外开放的纲领性文件。

设施联通是"一带一路"的优先领域

"一带一路"从公路、铁路、航空、网路、港口、海运等全方位加强相关国家的基础设施建设与互联互通。其中，典型项目不胜枚举。建成通车的1000多公里的中老铁路十分引人瞩目。中老铁路不仅建设中老经济走廊，带动老挝从陆锁国走向陆联国，提升老挝等国家的经济自主性和发展潜力，而且中老铁路向南联接中泰铁路，继续向南联接中马铁路直达新加坡。这条骨干网络是泛亚铁路网的中轴部分，中老铁路的建成通车能够联通东南半岛，结合全球最大自贸协定RCEP的落地生效，可以有效促进中国－中南半岛经济走廊的建设，促进东亚经济一体化。不仅如此，中老铁路不仅直接对接了每年进口2.5亿美元商品的八纵八横的中国高速基建网络，而且直接联接中欧班列，联通了欧亚大市场，改变了世界经济格局。

由中交集团参与建设的蒙内铁路带动肯尼亚等国家经济增长提速1.5个百分点，重现蒙巴萨的昔日繁荣，加速东非和整个非洲经济一体化的进程，通过铁路带动非洲经济步入快速发展的轨道。铁路、公路、港口等基础设施建设加速非洲的三网一化发展进程，促进非洲基础设施建设与互联互通。高速铁路联接着港口，包括吉布提港和比雷埃夫斯港等港口建设也是涵盖亚非欧拉多区域，从而促进世界基础设施建设与互联互通水平，带动这些国家更快接入数字经济时代。

贸易畅通是"一带一路"的合作重点

"一带一路"显著地促进了相关国家的贸易和投资的增长。"一带一路"的贸易从2013年的6万亿美元提升到2021年的12万亿美元。"一带一路"开创全球贸易投资新格局，加强了各国发展战略间的相互对接，推动了贸易投资自由化便利化，通过共同商建自贸区，推动了国际产业产能合作，建设畅通了"六大经济走廊"。在此过程中，共建"一带一路"的推进不可避免地遇到一定的挑战，但"一带一路"倡议顺应时代潮流，适应发展规律，符合各国人民利益，未来将有更为广阔的前景。

资金融通是"一带一路"的重要支撑

全球包括世界银行、亚投行、亚开行、欧洲投资银行等多边开发性金融机构参与"一带一路"共建；国家开发银行、中国进出口银行持续投资共建"一带一路"，中国开发性金融机构、政策性金融机构、合作性金融机构与商业性金融机构参与共建"一带一路"，"一带一路"取得基础设施建设和互联互通的巨大进展。有上百个不同种类的基金成立，用以支持和推进"一带一路"，这是凝聚全球的资金力量来支持基础设施建设、国际产能合作和经济发展。据世界银行定性定量的统计分析，"一带一路"能够显著地降低贸易成本，并促进沿线国家经济增长。

民心相通是"一带一路"的重要根基

国之交在于民相亲，民相亲在于心相近。"一带一路"建设的主角是人民，"一带一路"建设依靠人民，建设成果为人民所共享。"一带一路"不仅是基础设施建设和互联互通，也不仅是经济贸易投资自由化便利化，更是人与人之间的心相通。通过加强科技、教育、卫生、文化等各方面的密切合作，实现民心相通，是"一带一路"建设的根本所在，最终推动构建人类命运共同体。

"一带一路"提升全球化、现代化水平

百年变局加速演进，世界步入新的动荡变革期，和平赤字、发展赤字、信任赤字、治理赤字严峻，保护主义、恐怖主义横行。

中国提出的"一带一路"倡议，以构建人类命运共同体为目标，旨在通过各国发展战略的对接合作，通过构建国际合作平台，务实推进开放、包容、平衡、普惠、共赢的全球化。在务实推进经济全球化的同时，通过加强与各国的政策沟通、设施联通、贸易畅通、资金融通和民心相通，切实提高"一带一路"相关国家的工业化、数字化、现代化水平；而中国式现代化的提出和推进，通过国际合作为"一带一路"相关国家提供现代化的新参考。与此同时，"一带一路"秉持共商共建共享的原则，摒弃零和博弈和冷战思维，为完善全球治理提供新理念。特别是在世界经济面临下行压力时，"一带一路"的高质量共建，为跨境投资注入新动力，为跨境消费提供新路径，为国际贸易提供便利化自由化，为完善国际货币体系提供新空间、新路径。从大写意到工笔画再到高质量共建"一带一路"，十年大致可以划分为三个发展阶段。

大写意阶段

第一个阶段是从2013年9月到2017年5月，这是"一带一路"从大写意到工笔画的发展阶段。

"一带一路"的建设，从2013年习近平主席在哈萨克斯坦提出丝绸之路经济带到在印度尼西亚提出21世纪海上丝绸之路为起点，2015年3月进而提出《推动丝绸之路经济带和21世纪海上丝绸之路的愿景与行动》文件，各种文件推出，与各国共建"一带一路"。2017年5月，"一带一路"国际合作高峰论坛召开，提出的清单主要涵盖政策沟通、设施联通、贸易畅通、资金融通、民心相通5大类，共76大项、270多项具体成果。

工笔画阶段

第二阶段是从2017年5月至2019年5月，这是从工笔画到高质量发展阶段。

第二阶段不仅实现了第一届"一带一路"国际合作高峰论坛提出的270多项成果清单，而且在双边合作的基础上，加强了多边合作，组建了"一带一路"财政研究中心等多边机制，推进"一带一路"从双边合作向多边合作再到全球合作的过程。"一带一路"也从大写意转向工笔画的精耕细作阶段，为高质量共建"一带一路"奠定了重要基础。2019年，第二届"一带一路"国际合作高峰论坛提出了280多项清单，提出了包括开发性金融在内的超过万亿的资金支持，提出高质量、可持续、惠民生的发展路线。

高质量发展阶段

第三个发展阶段是从2019年5月至今，这是步入高质量共建"一带一路"阶段。

第三阶段不仅完成了第二届"一带一路"国际合作高峰论坛上提出的全部清单，而且将"一带一路"以绿色为底色深入实施，推动绿色投资、绿色基础设施建设，共建绿色丝绸之路。在原有数字丝绸之路、健康丝绸之路、智慧丝绸之路基础上，加快建设绿色丝绸之路，中国提出不再新建海外煤电项目，为引领全球实现碳达峰、碳中和贡献力量。

"一带一路"旨在人类命运共同体，绝非朝贡体系或马歇尔计划

"一带一路"倡议明确以构建人类命运共同体为目标，既不是古代东亚的朝贡体系，更非20世纪中叶的美国马歇尔计划。

"一带一路"倡议绝非且摒弃古代东亚朝贡体系

"一带一路"倡议与原来有些国家的殖民扩张完全不同，当然也不同于封建社会的所谓朝贡体系。有西方声音说"一带一路"倡议是建构朝贡体系，认为中国是建立以首都北京为中心的按照距离首都远近来确定亲密关系程度的朝贡体系。

一方面，说明这种认知还停留在封闭落后的旧中国旧时代的封建社会。新中国成立以来，特别是改革开放以来，中国早已摒弃了封建社会，中国支持各国选择的发展道路，不输出战争，不输出模式，更不建构朝贡体系。话说回来，中国超过14亿人口，人口红利足够，完全不需要建构朝贡体系。

另一方面，21世纪是互联网和人工智能时代，如果谁还停留在认为中国要建构朝贡体系，那么首先代表他没有迈入新时代，或者身体进入21世纪，但是思想仍然停留在封建社会，停

留在中国古代"皇帝"时代,朝贡体系这种认知已经落伍了。

新时代,中国引领新的经济全球化,希望加强与各国的互联互通及国际合作。特别是在互联网时代,自由、开放、共享、包容是主旋律,中国坚持的是新发展理念,包含创新、协调、绿色、开放、共享,非常希望各国参与,中国坚持共商共建共享的全球治理观,希望与各国加强互联互通,实现共同发展共同繁荣。"一带一路"旨在构建和平之路、繁荣之路、文明之路、创新之路。

"一带一路"绝非中国版的马歇尔计划

"一带一路"作为全球性倡议首次由发展中国家提出,而这与西方的全球治理理念、路径和方法有着根本的不同。"一带一路"10年发展到吸引150多个国家参与,以构建人类命运共同体为目标。"一带一路"不是历史上任何一个西方计划,更不是马歇尔计划,不仅是实施时间不同,而且资金规模,甚至实施目的、取得成果、有无附加条件都完全不同。

从实施时间看,马歇尔计划从1948年到1951年仅仅维持了4年时间,而"一带一路"已开展10年,并没有截止日期。

从实施金额看,马歇尔计划前后几年时间,所涉及金额不过130亿美元,即使算上通货膨胀因素,与"一带一路"也根本不在同一个量级,10年"一带一路"投资建设所涉及资金就超万亿美元规模。

从实施目的看,两者有着根本不同,"一带一路"是合作共赢，是在各国本地进行基建投资建设与互联互通，为了促进各国共同发展共同繁荣。

从附加条件看，政治附加条件之不同就更加明显。"一带一路"没有任何政治附件条件，而马歇尔计划必须满足美国条件。马歇尔计划是冷战时期为了实现美国外交政策目标，美国是在利用马歇尔计划促进所谓"个人自由""自由制度""真正独立"。

从实质内容看，马歇尔计划并非为了欧洲复苏，而是用于购买美国产品。1987年Michael J. Hogan对《马歇尔计划》进行的评估表明，该法案另一隐性外交政策目标是促销美国农业、制造业产品，几乎所有资金都用于从美国进口商品。最初资金用于进口粮食燃料等各种产品，后来才逐渐用于重建（计划最初目标）。截至1951年马歇尔计划结束之时，马歇尔计划共计130亿美元当中，有34亿美元用于原材料和半制成品进口，32亿美元用于食品、饲料和肥料进口，19亿美元用于机器、车辆和设备进口，16亿美元用于燃料进口。换言之，原材料、半成品、食品等非基础设施项目上的支出占总支出的主体；随后还有部分资金用于重建欧洲武装部队。

马歇尔计划常被误认为是帮助欧洲重建基础设施的计划。例如，将马歇尔计划的目标描述为"重建战争期间严重受损的城市、工业和基础设施，并消除欧洲邻国之间的贸易壁垒"。把马歇尔计划的目标表述为重建欧洲，本身不符合事实，而《马歇尔计划》的作者乔治·马歇尔提出的目标就更为笼统：解决战后欧洲的饥饿、贫穷、绝望和混乱。

"一带一路"以实现人类命运共同体为目标

人类命运共同体正是"一带一路"提出的明确的发展目标，这既是源于2000多年前的古代丝绸之路，也是"和平合作、开放包容、互学互鉴、互利共赢"的丝路精神所要求的，更是共建"一带一路"的方向。"一带一路"正是通过构建人类责任共同体、人类利益共同体来实现人类命运共同体的目标。

"一带一路"的初衷和使命就是要促进各国经济发展和共同繁荣。"一带一路"的政策沟通是通过政策对接、通过元首外交直接促进发展战略对接合作；贸易畅通正是在解决各国基础设施瓶颈并加强互联互通的基础上，通过降低关税壁垒和非关税壁垒，通过加强基础设施的硬联通和规则制度的软联通，进而加强人民之间的心联通来实现。所以"一带一路"，正在实实在在地推动构建人类命运共同体。

"一带一路"十年发展展望

"一带一路"促进设施等硬联通的同时，进一步促进规则标准、规制的软联通，并致力于人与人之间的心联通，旨在提高民生福祉，促进经济增长，实现各国不分大小一律平等，更好地维护国际秩序，促进世界持久和平和构建人类命运共同体。

数字经济时代，人工智能的发展，"一带一路"会带动世界经济步入数字丝绸之路的快速发展轨道，提升世界各国实现开放、包容、平衡、普惠、共赢的经济全球化。

物理层面，提升全球连通性

"一带一路"本质是一个贸易之路。我们知道2000多年前，古代丝绸之路是连接亚非欧的贸易之路，古丝绸之路上贸易繁华与经济繁荣，成就一条东西方交流互鉴的文明之路。古代丝绸之路本身就是连接东西方、亚非欧的一条繁华的贸易之路，由此展开的贸易和文化交流，带来文明互鉴。

那么究竟什么是"一带一路"，为什么要发展"一带一路"，如何发展"一带一路"？我们首先可以从全球互联互通的网络看全球供应链和价值链分层次多维分布。

第一层可以看到的是密集的交通网络图，高速公路、铁路、港口、桥梁、隧道等交通基础设施形成密集的互联互通交通网。第二层可以看到能源电力网络图，这里不仅包括地下密密麻麻的输油、输气管道，而且有炼厂、电厂及电网等网络。第三层可以看到信息互联网络图，我们可以看到互联网、卫星、光缆、数据中心等组成的全球互联网络。

"一带一路"给世界带来什么？"一带一路"极大促进了设施联通，设施联通是合作发展的基础。我们要着力推动陆上、海上、天上、网上四位一体的联通，聚焦关键通道、关键城市、关键项目，联结陆上公路、铁路道路网络和海上港口网络。

建设数字丝绸之路，我们要坚持创新驱动发展，加强在数字经济、人工智能、纳米技术、量子计算机等前沿领域合作，推动大数据、云计算、智慧城市建设，以此连接成21世纪的数字丝绸之路。

互联互通是21世纪核心竞争力。中国古代就有句谚语：火车一开，黄金万两。为什么火车一开就能带来黄金万两呢？当然是贸易，当然是金融，通过火车就能连接不同的地方，不同的市场，通过贸易能实现互通有无，就能满足人们的各种不同需求，从而获得收益，进而促进经济增长。

软联通重塑治理规则，强化安全性

一方面，经济全球化面临挑战，特别是贸易保护主义、单边主义甚至霸权主义的严峻挑战，而高质量共建"一带一路"更加注重规则标准的软联通，在规则标准的对接合作上，从理念到实践深入推进开放、包容、平衡、普惠、共赢的经济全球化。

另一方面，"一带一路"不仅规模大，而且质量高，更加注重提升各国的现代化。党的二十大报告明确提出推进中国式现代化，伴随"一带一路"面向下一个黄金十年，中国式现代化将为全球提供不同于西方全球化的中国智慧。中国式现代化是人口规模巨大的现代化，这为发展中国家提供新参考。中国式现代化是全体人民共同富裕的现代化，也将通过高质量共建"一带一路"来推动全球共同发展共同繁荣。中国式现代化是人与自然和谐共生的现代化，这说明在高质量共建"一带一路"的过程中，中国式现代化也会推进环境保护和关注气候变化，会建设绿色丝绸之路。中国式现代化是走和平发展道路的现代化，"一带一路"改变国强必霸的西方理念，传递中国倡导的共同、综合、合作、可持续的安全观，通过切实加强各国的共同发展，从根本上实现共同安全，而不是像原来一些欧美国家那样将自己的安全建构在他人不安全的基础之上。

稳固全球供应链，提升现代性

"一带一路"通过基础设施建设，提升各国互联互通水平，加强各国国际合作，推进开放、包容、平衡、普惠、共赢的新型经济全球化；同时，"一带一路"正在加强数字经济建设，提升数字技术水平，推进加强数字丝绸之路的建设。

从传统经济到新经济，二八原则需要改为八二原则。以前，我们的企业大致是服务20%的用户，而对剩下的80%用户置之不理，甚至那80%的用户不知道这些企业的存在。如今，平台经济效应出现，企业能够服务80%的用户，甚至100%的用户。

数字经济本质要求互联互通，本质要求平台越大越好，本身就需要长尾用户越多越好。新经济理论解释了传统经济无法服务的那80%的用户，新平台能更好地服务于80%的长尾用户，甚至全部用户。

拉紧伙伴关系，强化包容性

"一带一路"不仅促进经济全球化，而且将国际秩序抬升到平等层面，并致力于构建全球伙伴关系网络，推进全人类的平等化、包容化、可持续发展。数字经济时代，全球化几乎处于世界每一个角落。各国经济接入世界经济的能力，各国互联互通的能力,是决定各国经济实力的核心和关键,而基础设施匮乏及缺乏互联互通则是制约发展中国家经济发展的主要瓶颈。所以,为了促进各国经济增长,我们需要加强互联互通和基建建设。

更为关键的是,数字经济时代需要保持时效性。数字经济时代,没有人能等。数字经济时代的数字消费,是个性化的消费、即时性的消费,是通过电子商务的消费,这就需要有快速的反应机制,而高速的基础设施网络能够第一时间触达消费者。

心联通密切,提升文明性

中国是全球货物贸易第一大国、服务贸易第二大国、世界经济第二大经济体,并以全球领先的增速增长,而中国正在建设的全国统一大市场,将成长为全球最大市场。所以,"一带一路"贸易畅通很重要,可以加强与全球数一数二的经济、市场、贸易大国的联系,进而接入更大的全球大市场。

在"一带一路"硬联通的基础上，基于规则标准的软联通正在推进"一带一路"及全球的经济贸易发展，提升财政金融稳定性，"一带一路"的标准已经凝聚了上百个国家，这些规则标准的软联通，正在为完善全球治理、为失衡的国际秩序贡献更多力量和智慧。

高质量共建"一带一路"明确提出惠民生，基于科技、文化、教育、卫生等各领域的合作，遍及100个爱心助困、100个医疗救助、100个幸福家园等多个民生项目，而加强基础设施互联互通，能够提升发展中国家和新兴经济体的经济自主性，提升这些国家的数字化、工业化、信息化。"一带一路"通过授人以渔而非授人以鱼，加强与世界各国的经济合作，推进经济全球化，从实践行动上，反对贸易保护主义，推进以WTO为主体的多边贸易体制安排。同时，全球最大自由贸易区RCEP的落地生效，更促进"一带一路"的软联通和心联通，为完善全球治理贡献中国力量。

第二章

"一带一路"
政策沟通

Belt
and
Road
Initiative

政策沟通十年历程

国际朋友圈日益扩展

有句德国谚语说："一个人的努力是加法，一个团队的努力是乘法。"中国有句谚语表达了相似的含义："一根线容易断，万根线能拉船。"近十年来，"一带一路"政策沟通的参与度不断提升，朋友圈不断扩展，签署共建"一带一路"政府间合作文件的国家和国际组织数量逐年提升。从政策沟通的角度来看，中国已经与150多个国家和30多个国际组织签署了200多份"一带一路"合作文件，也就是说，世界上超过三分之二的国家已经就共建"一带一路"与中国达成共识。"一带一路"已经成为规模最大的国际公共产品和国际合作平台。"一带一路"倡议及其核心理念已写入联合国、二十国集团、亚太经合组织以及其他区域组织等重要文件中，涵盖基础设施、经贸、科技、社会、海洋等多个领域。

政策沟通是共建"一带一路"的重要保障，是形成携手共建行动的指引。近十年来，中国与有关国家和国际组织充分沟通协调，形成了共建"一带一路"的广泛国际合作共识，"一带一路"政策沟通的国际影响力进一步增强。2015年7月，《上海合作组织成员国元首乌法宣言》提出关于支持建设"丝绸之路经济带"的倡议；2016年9月，《二十国集团领导人杭州峰会公报》通过关于建立"全球基础设施互联互通联盟倡议"；2016年11月，联合国193个会员国一致通过决议，欢迎共建"一带一路"等经济合作倡议;2017年3月,联合国安理会呼吁国际社会通过"一带一路"建设加强区域经济合作;2017年9月,第71届联合国大会通过决议,将"一带一路"倡议中的共商、共建、共享原则纳入全球经济治理理念;2018年,中拉《关于"一带一路"倡议的特别声明》、《中国和阿拉伯国家合作共建"一带一路"行动宣言》、《关于构建更加紧密的中非命运共同体的北京宣言》等涉及共建"一带一路"的成果文件有序发布;2019年11月,中国和东盟就"一带一路"倡议和《东盟互联互通总体规划2025》对接达成一致;2022年11月,《关于加强中国—东盟共同的可持续发展联合声明》明确指出要加快落实《中国—东盟关于"一带一路"倡议与〈东盟互联互通总体规划2025〉对接合作的联合声明》,加强中国和东盟互联互通合作。

"一带一路"政策沟通追求的是发展,崇尚的是共赢,传递的是希望,使"一带一路"成为许多人对未来的一种渴望。埃及前总理、"一带一路"国际合作高峰论坛咨询委员会委员埃萨姆·谢拉大曾表示,政策沟通是落实基础设施、能源、信息、制造、经济开发区、居住环境和文化等领域共同发展项目的关键因素。近十年来,"一带一路"政策沟通的对接领域不断拓宽,多边合作协议有序推进。在"健康丝绸之路"方面,近十年来,中国积极对接各方卫生发展战略,建立了公共卫生合作网络、热带医学联盟等平台,加强了与有关国家的传染病防控合作。2017年1月,中国与世界卫生组织缔结《关于"一带一路"卫生领域合作的谅解备忘录》,共同落实2030年可持续发展议程。

在新冠疫情背景下，中国将"健康丝绸之路"作为主线，加强全球公共卫生治理，向153个国家和15个国际组织提供了数千亿件抗疫相关物资，向120多个国家和国际组织提供了超过23亿剂疫苗，并同30个国家发起"一带一路"疫苗合作伙伴关系倡议，为携手打造人类卫生健康共同体奠定基础。

在"数字丝绸之路"方面，治理规则的建设与对接取得可喜进展。当前，"一带一路"沿线发展中国家和地区仍处于数字化转型的起步阶段，数字治理规则的落后已经成为制约其经济发展的重要因素。中国通过整体布局+双边合作的模式，积极与沿线国家推进"数字丝绸之路"治理规则建设。2017年12月，中国同多国共同发起《"一带一路"数字经济国际合作倡议》，促进电子商务、国际标准和数字经济政策等方面合作。截至2022年底，中国已与17个国家签署了"数字丝绸之路"合作谅解备忘录，与23个国家建立了"丝路电商"双边合作机制。

在"绿色丝绸之路"方面，政策沟通也展现出了较大推动作用，在国际层面取得了可喜进展。2018年，中英两国机构共同发布了《"一带一路"绿色投资原则》，就绿色投资标准达成共识，推动"一带一路"绿色投融资；2019年，第二届"一带一路"国际合作高峰论坛期间，中外相关合作方成立了"一带一路"绿色发展国际联盟，目前已有40多个国家的150多个合作伙伴加入；2021年，中国与哈萨克斯坦、新加坡、印度尼西亚等29个国家共同发起了"一带一路"绿色发展伙伴关系倡议，呼吁开展国际合作，实现绿色和可持续的世界经济复苏。

另外，前两届"一带一路"国际合作高峰论坛对政策沟通具有极大促进效应。"一带一路"国际合作高峰论坛作为"一带一路"框架下最高规格的国际活动，是建国以来由中国提出并主办的层级最高、规模最大的多边外交活动。同时，这一论坛也是各方在"一带一路"框架下共商、共建、共享的重要国际合作平台，对政策沟通起到了引领作用。

2017年5月，在首届高峰论坛召开前夕，中国已经同40多个国家及国际组织签署了合作协议。此次论坛共有29个国家的元首和政府首脑出席，140多个国家、80多个国际组织的1600多名代表参会。在领导人圆桌峰会上，各方就对接发展战略、推动互联互通、促进人文交流等议题深入交换意见并达成共识。首届高峰论坛召开一个月后，与中国签署共建协议的国家达到70个。由此可见，"一带一路"国际合作高峰论坛对中国与各国实现战略对接、密切政策沟通具有推动作用。

在第二届"一带一路"国际合作高峰论坛期间，共有包括37位外国领导人以及联合国秘书长和国际货币基金组织总裁在内的150个国家、92个国际组织的6000余名外宾参会，在高质量共建"一带一路"、构建全球互联互通伙伴关系上达成共识。各方发起成立了20多个"一带一路"多边对话合作平台，涵盖"海上丝绸之路"港口合作机制、"一带一路"绿色发展国际联盟、国际科学组织联盟、"一带一路"国际智库合作委员会等。同时，各方发起多个多边合作倡议，以政策沟通推进各领域务实合作，形成了以高峰论坛为先导、各领域多双边合作为架构的"一带一路"国际合作模式。

国内政策鼎力支持

从政策制定层面看，从2013年首次提出"一带一路"概念以来，"一带一路"在国内政策层面的发展演变逐渐清晰。2013年11月，第十八届三中全会将"一带一路"写入全会决定；在2014年12月和2016年12月的中央经济工作会议上又强化了"一带一路"的重要地位；到了2015年2月，"一带一路"建设工作领导小组成立，为"一带一路"顶层设计提供国内领导和协调机制；同年，"一带一路"顶层规划设计出台，各部委相继出台落实推进政策，夯实国内政策基础；众多"一带一路"省份出台"一带一路"专项政策，国务院、发改委等十余个部门相继设立"一带一路"专门机构。

"一带一路"建设规划也随即展开。2014年11月，"加强互联互通伙伴关系"东道主伙伴对话会在北京举行，习近平主席提出以亚洲国家为重点方向、以经济走廊为依托、以交通基础设施为突破、以建设融资平台为抓手、以人文交流为纽带的合作建议，指出互联互通是要建设全方位、立体化、网络状的大联通，是生机勃勃、群策群力的开放系统，为"一带一路"建设方向和路径提供了更为清晰的指引。同年12月，中共中央、国务院印发《丝绸之路经济带和21世纪海上丝绸之路建设战略规划》。2015年3月，国家发展改革委、外交部、商务部联合发布了《推动共建丝绸之路经济带和21世纪海上丝绸之路的愿景与行动》，涵盖了"一带一路"的时代背景、共建原则、框架思路、合作重点等8个方面，坚持共商、共建、共享原则，全力实现政策沟通、设施联通、贸易畅通、资金融通、民心相通。自2015年起，政府工作报告连续8年提及"一带一路"，共提及32次，传递了中国坚定不移推动共建"一带一路"高质量发展的信心，表明了国家对这一倡议与顶层设计的高度重视。同时，"一带一路"被列入"十三五""十四五"规划，"一带一路"被写入党章、"推动构建人类命运共同体"被写入宪法，并出现在党的十九大、二十大报告中，体现了中国国内在政策层面推进"一带一路"建设的决心。

凸显大国耐心定力

中国始终主张尊重各国安全与发展诉求，坚决摒弃冷战思维和强权政治，走对话而不对抗、结伴而不结盟的国与国交往新路，坚持通过经济交往、政治谈判和文明交流等和平方式实现公道正义、共建共享的安全格局，而"一带一路"建设正是中国这一外交理念的最佳实践。"一带一路"政策沟通是一项长期、琐碎和艰苦的过程，沿线国家国情、需求不同，在战略对接和政策沟通过程中需要大量的耐心。例如，中国与老挝的战略对接项目中老铁路历经十余年才从基本共识推进至开通运营；中国与泰国的战略对接项目中泰铁路自2009年起历经数轮谈判，终于在2017年动工；蒙内铁路历经20多轮艰难谈判，终于在2017年实现开通运营。中国在"一带一路"政策沟通中保有着巨大的耐心和决心，以共商共建共享的理念寻求共赢合作，为沿线国家带来大量的发展机遇。

同时，"一带一路"政策沟通体现出广博的胸怀。"一带一路"倡议提出以来，中国体现出了向世界提供公共产品的意愿和能力。虽然人们在谈及"一带一路"时首先会想到亚欧大陆的互联互通，但实际上，参与"一带一路"的国家和国际、地区组织已经超出古代丝绸之路的范围，由亚欧大陆延伸至非洲、拉美、南太平洋等区域。习近平主席2017年与时任美国总统特朗普举行会谈时提出，中国欢迎美国参与"一带一路"框架下的合作。由此可见，"一带一路"倡议对所有的国家开放，不同制度、不同宗教、不同文明的国家和各类国际组织都可以加入。西方国际关系理论认为，国际合作的重心在于强国，小国完全处于被动。而"一带一路"政策沟通与此完全不同，甚至更加有助于弥合发达国家和发展中国家之间的差距，将各国视作平等的参与者。2018年，在上海举办的首届中国国际进口博览会上，不仅有发达国家的企业，也有发展中国家的企业，中国还针对后者免收了相关费用，让所有国家都能分享中国市场的发展成果。"一带一路"倡议作为一种重要的公共产品和平台，各国都可以结合自身优势，挖掘合作潜力，在此框架下通过共商共建共享的原则进行多样性合作，从区域层面看，此类合作可以缩小各国发展差距，实现共同发展。

原国际标准化组织主席约翰·沃尔特曾表示,共建"一带一路"倡议为愈来愈紧密的国际合作提供了前所未有的重大机遇。国际标准成为共建"一带一路"倡议的基石,也凸显了全球携手合作的价值。法国前总理拉法兰也曾提出,"一带一路"是促进实现亚欧之间政策沟通和基础设施联通愿景的重要载体,加强政策沟通和发展战略对接,能够为建设更开放、更稳定和更繁荣的世界提供重要制度保障。

破解三大不实论调

中国模式输出论

木秀于林,风必摧之。随着中国及"一带一路"的发展,针对新型大国的"崛起焦虑症"在全球蔓延。英国萨塞克斯大学全球研究学院唐迈(Michael Dunford)教授曾指出,美国及其盟友通常通过自由资本主义精英的镜片来看待世界,因此将中国的崛起以及"一带一路"倡议视为地缘政治、地缘经济和地缘文化零和博弈的一部分,如果美国要继续保持其领导地位,就必须阻止中国的崛起,宣扬"一带一路"的误导论和威胁论就是其方法之一。

中国模式输出论声称中国利用"一带一路"输出"共产主义+一党"的治理模式。实际上,这一说法是毫无根据的。尽管中国拒绝按照西方标准自我改造,但并不代表中国有意将自身发展模式强加于他国。中国是在多年的艰辛探索中形成了自己的发展道路,并不断深化自身实践,探索现代化建设规律、国家治理规律和人类社会发展规律,并与各国交流共享发展经验。任何国家都不能将自己的发展模式强加于人，干涉主权国家权利，中国坚定尊重其他国家的发展道路，不会要求其他国家"复制"中国模式。"一带一路"是经济合作倡议，中国欢迎所有感兴趣的国家自愿加入，共同参与、合作、受益，尽管一些非洲和拉美国家主动借鉴中国经济模式的部分方面，但并没有完全照搬中国模式，中国从未，也不会提出类似的要求。

事实上，在共建"一带一路"进程中，中方从未施加任何所谓的"不可接受的条件"，每一个项目都是平等协商并推动共建的结果。目前，已经有150多个国家和30多个国际组织同中方签署了共建"一带一路"合作文件，伴随着大批合作项目的落地，沿线国家经济社会发展获得了强劲动力。中方在与有关国家共建"一带一路"进程中，始终坚持平等、开放、透明的原则，并遵照市场规律和被广泛应用的国际规则行事。

地缘扩张论

这一论调宣称中国通过"一带一路"搞地缘扩张，旨在煽动沿线国家和地区抵制"一带一路"倡议。相关国家学者将"一带一路"倡议视作中国的地缘政治工具，并根据某些地缘政治理论进行解读，渲染中国威胁论。实际上，这种社会达尔文主义论调的理论学说对于当今全球许多重大、紧急的现实问题缺乏理论解释和行动指引作用，更无法成为"一带一路"的理论依据。"一带一路"正是以其开放包容、平等互利的原则吸引越来越多的国家加入，朋友圈自然而然不断扩大，不仅包括发展中国家，也包括一些西方国家，早已超越了地缘经济理论所强调的竞争、争夺、控制的传统观点。

同时，炒作"一带一路"搞地缘扩张是西方国家将"马歇尔计划"等包含地缘政治目标的援助行动嫁接到"一带一路"倡议上的结果。然而，"一带一路"与马歇尔计划在实施目的、经济内涵及附加条件等多方面存在本质区别。在实施目的上，马歇尔计划服务于当时的杜鲁门主义，意识形态浓厚；而"一带一路"倡议不带有任何政治色彩，以包容、互惠的理念积极欢迎世界各国的参与。作为世界第二大经济体，"一带一路"倡议致力于用中国经济发展的经验助力沿线发展中国家的工业化和城市化进程，以基建为始推动贸易投资和经济发展，并与沿线国家共享经济增长的红利。在经济内涵上，马歇尔计划为经济救助计划，主要为物质资源、资金和劳务援助；而"一带一路"采用了多样化的投资方式，包括开放性银行贷款、投资基金、PPP、商业投资等，主要集中于基础设施、水、食品安全、健康、气候变化等各国经济发展所必需的项目。从长远角度来看，沿线各国可以通过提升产出效率和互联互通水平促进经济增长，企业也能够从投资中获得丰厚回报。在附加条件上，马歇尔计划在援助中增加了不平等条款和制度安排来加强美国对西欧的经济控制，如要求西欧降低对美关税壁垒、进口美国商品、以美元为结算货币等；而"一带一路"坚持求同存异的理念，采用共同参与、共同规划、共同建设和共享成果的合作方式深化政策沟通、贸易畅通、设施联通、资金融通和民心相通，并无任何附加条款，实质是在南南框架下实现最大程度的合作共赢，与马歇尔计划完全不同。

"一带一路"在十年内交出了如此优异的成绩单，正是对一些无根据质疑的有力回击。当前世界发展仍面临不均衡的问题，当一部分人对"一带一路"品头论足时，越来越多的国家和民众正以实际行动对"一带一路"倡议表示支持与欢迎。

政治胁迫论

这种言论宣称"一带一路"是"政治胁迫"，抹黑中国通过"利诱"和"胁迫"来实现自身利益最大化。实际上，中国对发展中国家援助与合作的最基本特征就是不附加政治条件，这与以美国为代表的一些国家在对发展中国家进行援助时附加大量政治条件，以此把控受援国的发展进程与方向，伺机为本国谋求政治特权恰恰相反。中国不附加政治条件的援助与合作为许多原本依赖西方援助的国家提供了新的选择，使这些国家有底气拒绝西方附加政治条件的援助，从而弱化了西方对这些国家施加的影响力。因此，西方国家将中国提供给发展中国家的合作机遇视为对西方主导的国际发展援助体系的巨大冲击。

"一带一路"建设由大家共同商议，成果将由大家共同分享，没有胁迫的成分，更不存在强买强卖，合作理念与"丝路精神"一脉相承。以中非合作为例，习近平主席曾在2018年9月举行的中非合作论坛北京峰会上提出"五不"原则，也就是不干预非洲国家探索符合国情的发展道路，不干涉非洲内政，不把自己的意志强加于人，不在对非援助中附加任何政治条件，不在对非投资融资中谋取政治私利。"五不"原则不仅是中国对世界各国处理非洲事务的期望，同时也是中国在共建"一带一路"发展合作的道德准则，让世人看到了中国在对非合作中的诚意、正气与担当。

摩洛哥阿马杜斯研究所分析与出版中心项目主管、研究员阿明·卡巴吉曾评价，中非关系的加强是基于力量的平衡、平等、互利、互相尊重主权和互不干涉内政等原则，"一带一路"倡议也将助力非盟《2063年议程》，推动非洲大陆的主要一体化项目。曾于2018年任非盟轮值主席的卢旺达总统卡加梅认为，中国是一个"更尊敬的伙伴"，非洲和中国的关系是建立在平等、相互尊重基础上的，非洲与中国的关系日益增强，但不以任何人的损失为代价。赤道几内亚总统奥比昂曾表示，赤道几内亚和中国在相互尊重的基础上建立起来的传统友谊不断巩固发展、历久弥坚。中国不干预赤道几内亚的内政，双方以诚相待。原卢旺达发展署首席执行官哈蒂杰卡也表示，中非合作互惠互利，同时不附加任何条件，获得了卢旺达人民的真诚感谢。吉布提共和国总统盖莱也认为，中非合作是建立在互利共赢和相互尊重基础之上的，这与一些外界势力的不实指责大相径庭。

同时，部分西方学者和媒体也扭转了对"一带一路"的固有偏见。著有《龙的礼物:中国在非洲的真实故事》一书的美国学者黛博拉·布罗蒂加姆就曾指出，欧美国家对非关系侧重于单一援助且附加援助条件，而中国更乐于将双赢作为目标，并以平等伙伴的姿态面对非洲。德国《曼海姆晨报》近来在分析中国在非洲成功的秘诀时，总结出3条关键原因：第一，中国对非洲做出的是务实的承诺，中国以平等姿态认真对待非洲国家，不像西方的政治家那样高高在上；第二，中国为基础设施投入大量资金，合作项目对非洲发展起到巨大的推动作用；第三，中国从不干涉非洲国家内政。

政策沟通十年展望

开创新型强国对外交往新模式

如果说"一带一路"是"路"，那么"一带一路"政策沟通工作就是"道"。"一带一路"政策沟通汲取中国传统哲学中的和合文化，推动沿线各国合作共赢。"一带一路"政策沟通具有很强的创新性，开拓了强国对外交往新模式，更是全球治理的新模式。这种政策沟通模式打破了传统强国对外交往中零和博弈和自身利益最大化的思维定式，以沿线各国发展规划对接为基础，通过战略对接、优势互补、签订共建协议，让不同国家、不同阶层、不同人群实现互利共赢，共同应对全球性挑战，也正是这种积极有效的政策协调和全面精准的战略对接，助力"一带一路"行稳致远。

这一政策沟通模式如何助力构建开放繁荣的美好未来？巴西著名诗人、外交家若昂·卡布拉尔·德·梅洛·内图在《编织早晨》一诗中给出了答案。他写道,"一只孤独的公鸡编织不了整个早晨",它需要其他的公鸡,一只接着一只,彼此叮起彼此的啼叫,把鸡鸣里阳光的丝线打上了十字结,由此,"从一面纤细之网开始,早晨得以被所有的公鸡编织下去"。"一带一路"政策沟通模式下紧密联结的沿线国家所组成的朋友圈恰似这"纤细之网",基于相互尊重、公平正义、合作共赢等原则,在对外交往中创造和分享人类共同价值的"十字结",人类才有希望迎来更加美好的明天,共同编织美丽繁荣的清晨。这也是习主席所倡导的新型国际关系,是中国共产党对外开放理论和实践的重大创新。

这一政策沟通模式如何促进达成联合国可持续发展目标?当前全球许多区域经济合作都设置了规则门槛,虽然有助于降低合作成本,但仍存在弊端。过多的规则和附加条件往往将许多无法满足要求的发展中国家拒之门外,使其丧失了潜在发展机遇,加剧全球经济失衡。相比之下,"一带一路"政策沟通机制正是以发展为导向,将中国自身发展动能与全球发展需求相连接,加强经济政策协调和发展战略对接,以此促进不同国家的协同发展,实现全世界范围内的共同繁荣。"一带一路"倡议在自愿参与和协商一致的基础上,开展政策沟通、战略对接和项目合作,多方共担责任、共享成果。各国无论大小贫富,都是平等的合作伙伴。通过双边、三边和多边密切合作,各沿线国的优势都可以得到充分发挥,并转化为惠及各方的具体成果。这与联合国可持续发展目标中的第17个目标"促进目标实现的伙伴关系"相吻合。过去近十年间，中国已经与150多个国家、30多个国际组织签署200余份共建"一带一路"合作文件。同时，中国致力于强化与"一带一路"沿线国家的合作机制和政府间高层对话平台，包括中国—东盟合作、上海合作组织、澜沧江—湄公河合作、欧亚经济论坛、中非合作论坛、中国—阿拉伯国家合作论坛等机制。这些政策对话平台可以增进不同国家和区域之间政策与发展战略的协同效应，有效促进了"一带一路"沿线国家之间的可持续发展伙伴关系（联合国可持续发展具体目标17.16），提高区域可持续发展政策的一致性（联合国可持续发展具体目标17.14）。联合国秘书长古特雷斯曾评价，共建"一带一路"倡议有利于促进《联合国2030年可持续发展议程》的实施,促进相关国家经济、社会、人文等深入交流，各国都能够在共建"一带一路"中找到更适合自己的重点。

站在十年节点，我们如何展望"一带一路"下一个十年的政策沟通？在当前和平赤字、发展赤字、安全赤字、治理赤字加剧为人类社会带来巨大不确定的形势下，我们唯一能够确定的是，共建"一带一路"将在政策沟通的基础上，继续以实际行动对冲保护主义，维护开放型的新型全球化。越到关键时刻，人类越需要结伴成行，越需要互通有无。2023年是"一带一路"倡议提出十周年，中国也将举办第三届"一带一路"国际合作高峰论坛，为亚太地区乃至全球发展注入全新动能，集各方之力跨越地理限制、突破文化差异、融合发展需求，构建开放的全球性合作平台，为世界经济复苏作出重要贡献。

加深重点区域国别沟通交流机制

过去近十年间,"一带一路"与众多重点区域进行了密切战略对接。未来十年,在广泛对接的基础上,"一带一路"政策沟通将在重点区域、重点国别内深化交流、协同增效,推动共建"一带一路"倡议同《联合国2030年可持续发展议程》紧密对接,落实《二十国集团落实2030年可持续发展议程行动计划》《金砖国家经济伙伴战略2025》《亚太经合组织互联互通蓝图(2015—2025)》《中国—东盟关于"一带一路"倡议同〈东盟互联互通总体规划2025〉对接合作的联合声明》《中国与欧亚经济联盟经贸合作协定》等,确保战略、规划和政策协同,探索全球有效治理崭新路径,为深化合作提供重要支撑,构建更广泛的朋友圈。

首先,进一步提升对海上丝路的认知和开发利用,实现陆海融合联动发展,打造向海经济,推动海洋产业园建设,推进向海经济高质量发展。与此同时,"一带一路"倡议实现了中国与周边国家、与世界的深度互联互通,使得边疆成为中国联系周边乃至世界的空间节点,也成为具有重要意义的中心和前沿地带。边疆包括海陆两个层面,尤其是西部陆疆,从原有的封闭性、阻断性以及地方性,逐渐转化为互联互通的中心和节点。这种转化不仅仅是地理空间意义上的从"地缘边框"转换为"开放为架"的区域,而且是社会交往空间上的转化。

其次,同东盟国家深化"一带一路"相关战略对接合作,持续为中国与东盟合作注入新活力。在增进合作中,国家领导人引领起了关键性作用，双方战略伙伴关系的不断巩固为经济合作提供了保障。中国和柬埔寨、中国和老挝分别达成并实施了《关于构建中柬命运共同体行动计划》《关于构建中老命运共同体行动计划》，其重大意义不仅仅在中柬、中老之间，也不仅在中国与东盟之间，而且对全球人类命运共同体建设产生了示范作用。2019年，中国与东盟就制定"南海行为准则"提前完成了单一磋商文本草案的第一轮审读。下一个十年，中国将与东盟十国继续深化政策沟通，实施发展规划和政策对接，开发经贸互补性，结合各自发展需求推进合作。

强化智库"二轨外交"助推作用

过去近十年间，"一带一路"政策沟通在官方层面进行了顶层设计。在推进"一带一路"的过程中，智库发挥专业作用，能及时、有效、正确地应对负面舆论，向世界介绍中国、讲好"一带一路"故事。

智库不仅是国家间沟通交流与对接合作的桥梁，更是影响政府决策的关键因素。智库之间的对话交流在加强双边和多边友好关系、加深相互了解和信任、推进合作交流等方面发挥着重要作用。作为非政府组织,智库研究结论和观点意见不代表官方政府,更容易被大众所接受。因此,智库可以通过学术讨论表达更加真诚的观点,引导更加深入的交流。通过智库间的合作,各国政府间可以解读和分享政策信息,并消除疑虑,促进相互理解和共识。"一带一路"倡议提出以来,国内外智库以"一带一路"为主题举办了一系列论坛和研讨会,通过联合研究,进一步了解沿线国家政府和各国地方政府的主要关切以及彼此的政策需求,为各自政府决策提供咨询服务和政策依据。

虽然经过近十年的努力,"一带一路"倡议在世界范围内被广泛接受,但是各类"一带一路"威胁论仍未止息,其根本原因在于,一些国家"隐形"防范之心和"显性"奢求之心没有得到根本消除。展望未来十年,"一带一路"仍需就此开展有效的国际沟通,通过智库等多种渠道加强交流。因此,将充分发挥智库在助力公共政策制定者和引导企业合作过程中的重要作用,并共同讨论合作过程中出现的挑战。在"一带一路"政策沟通过程中,需要进一步加强各国智库之间的合作与交流,加深对"一带一路"建设的认识,促进各国政府间的政策沟通和战略对接。

第三章

"一带一路"
民心相通

Belt
and
Road
Initiative

十年全方位交流合作

教育交流合作

"一带一路"教育交流合作为中国在全球合作拓宽了朋友圈，是实现民心相通的重要途径。大量"一带一路"沿线国家的青年学子来华留学，接受职业教育或高等教育，体验中国的发展现状和文化魅力，既为"一带一路"发展提供了人才资源，也为"一带一路"合作奠定了人文基础。十年来，中国教育部与沿线24个国家和地区签署了学历学位互认协议和教育合作交流协议。新冠疫情大流行前，约有近200个国家和地区的超过50万名青年学子在中国1000多所大学进修和学习，其中超半数来自"一带一路"沿线的国家。

此外，为了满足"一带一路"沿线国家经济发展的需要，以及人文交流的需求，十年来，中国与"一带一路"沿线国家和地区在职业教育和中文教育方面的合作不断开花结果。

"鲁班工坊"是中国在"一带一路"沿线国家职业教育领域打造出的明星品牌。为满足"一带一路"建设项目对当地技术工人的需求，十年来，中国职业教育院校分别在东南亚、南亚、非洲等地建立了20余个鲁班工坊，为沿线国家培养了大量的技术工人。据统计，截至2021年上半年，鲁班工坊累计的中外师生互访人次达到1600次。泰国鲁班工坊是全球第一所鲁班工坊，也是中国与"一带一路"沿线国家和地区进行职业教育合作的起点，为"一带一路"沿线项目提供了大量的技术性人才。

自2016年成立以来，泰国鲁班工坊的学生在全国性和国际性的技能大赛中获得了多项大奖。为了感谢鲁班工坊为泰国培养的技术性人才，以及为泰国青年打开的发展空间，泰国政府授予泰国鲁班工坊合作方天津渤海职院"诗琳通公主奖"。

"孔子学院"是中国在"一带一路"沿线国家中文教育领域打造出的另一个明星品牌。语言是文明交流的载体。随着"一带一路"倡议的推进以及中国对外交流的日益频繁，世界各地对中文教育的需求持续爆发，目前全球有超过180个国家和地区开展中文教学，超过80个国家在国民教育体系中引入了中文，超过8万所培训机构或学校提供中文教育课程，超过3000万人正在学习中文。"一带一路"沿线国家的"中文热"让孔子学院遍及五湖四海。目前，中国在全球五大洲近150个国家和地区建立了超过450所孔子学院，并陆续开设了超过1000个孔子学堂。如今，孔子学院已成为推动中国国家文化建设、提升中国文化软实力和国际影响力的重要平台。巴西研究中国的先驱、已故巴西社会学家安娜·贾瓜里贝曾盛赞孔子学院是推动中国文化在世界传播的重要力量，是联通中国梦与各国梦、世界梦的桥梁和纽带。

文化交流合作

"一带一路"沿线国家拥有全球超过一半的文化遗产，文化资源十分丰富。中国与"一带一路"沿线国家的合作将促进文化交流、文明互鉴，推动文化更加繁荣，同时也丰富了沿线地区的精神生活。通过在文化领域交流合作，"一带一路"沿线各国的民心不断交融，为"一带一路"倡议的开展奠定了人文基础。十年来，通过与"一带一路"沿线国家和地区互办文物展、电影节、艺术节、图书展、音乐节等活动，以及相互推广图书广播影视作品，中国人民正在加深与"一带一路"沿线人民的了解，中华文明也在与世界其他文明的交流互鉴中不断焕发新的活力。截至2022年年底，丝绸之路国际剧院联盟、博物馆联盟、艺术节联盟、图书馆联盟、美术馆联盟相继成立，发展了国内外成员单位超过500家，覆盖了国家和国际组织近100个，开拓了10余个教育合作和文化交流品牌。

一方面，在外交活动中，"一带一路"文化交流互鉴是重要组成部分。中国国家领导人在面向"一带一路"的双多边活动中都会通过各种形式展示中华文明的魅力，他们的衣着服饰、言谈举止，让中华文化润物细无声地展现在世人面前，赢得了"一带一路"沿线国家和地区人民的广泛认可与尊敬。十年来，中国不断加强文化交流合作，已与超过150个国家签署了大量文化合作协议协定和700多个文化交流执行计划。随着各种双多边形式的文化交流合作网络不断拓展，中国已经与全球大多数国家建立了文化合作朋友圈。

另一方面，"一带一路"文化交流合作的平台多种多样，形成各具特色的合作模式。例如，中国与哈萨克斯坦、吉尔吉斯斯坦联合申遗"丝绸之路：长安—天山廊道的路网"，成为"一带一路"文化遗产合作的典范；"丝绸之路国际艺术节""海上丝绸之路国际艺术节"和"丝绸之路（敦煌）国际文化博览会"

则以艺术节、艺术展的形式推动沿线文化交流;"丝绸之路文化之旅""丝绸之路文化使者"等活动则从人员互访层面加强了沿线文化的融合发展。此外,中国在海外开通了36个中国文化中心,累计开展各类文化活动超过4000场次。中国文化中心也成为中国与"一带一路"沿线国家进行文化交流的重要基点。

卫生交流合作

十年来,卫生交流与合作成为"一带一路"民心相通工作的重要组成部分。为了改善沿线各国的卫生医疗条件,中国不断加深对沿线各国的医疗援助,不断加强与沿线各国的卫生合作。"一带一路"倡议下,随着中国医疗卫生事业的发展经验传播至"一带一路"沿线国家和地区,一条"健康丝绸之路"正在形成,其背后是中国与沿线各国在卫生交流与合作方面的努力。

在维护全球卫生安全方面,中国建立了3个国际医疗合作网络和多个平台,即"一带一路"公共卫生合作网络、"一带一路"卫生政策研究合作网络、"一带一路"医院合作联盟,以及热带医学联盟、包虫病防治联盟等平台。这些国际医疗合作网络和平台,有效地提高了沿线国家在传染病防控、医疗人才培养、医疗设备使用等方面的水平。十年来,中国派遣了大量医疗人员远赴东南亚、南亚、非洲各地开展传染病防控等工作,取得了当地民众的认可与尊重,切实拉近了民心。新冠疫情的肆虐给中国与"一带一路"沿线国家和地区开展的医疗卫生合作增加了新的内涵。2020年,中国向150个国家和13个国际组织提供防护服、口罩、呼吸机等大批防疫物资，向34个国家派遣37支医疗专家组。截至2021年末，中国已累计向120多个国家和国际组织提供超过20亿剂新冠疫苗，其中很大一部分面向"一带一路"沿线国家。此外，中国与31个合作伙伴共同发起"一带一路"疫苗合作伙伴关系倡议，积极开展抗疫援助，引领抗疫国际合作。世界卫生组织总干事谭德塞高度评价中国的抗疫合作行动，他认为"健康丝绸之路"有利于加强伙伴关系，以遏制新冠疫情、改善基础设施并帮助人们获得急需的卫生服务，以及巩固因疫情而承压的卫生系统。

在卫生人员培养方面，中国针对"一带一路"沿线国家和地区专业医疗卫生人才短缺的痛点，大力开展人才培养培训国际合作。通过"中国—东盟健康丝绸之路人才培养项目（2020—2022年）"，中国为东盟国家培养了1000名卫生行政和专业技术人员；在与孟加拉国的卫生医疗合作中，中国累计培训了超过300名卫生计生管理、影像、中医药等领域的人才；在与老挝的卫生医疗合作中，中国多次派遣医疗队赴老挝开展医疗卫生培训，并组织老挝近百人来华接受医疗卫生相关培训。此外，中国主导的"一带一路"医学人才培养联盟，联合了全球超过200家医疗机构和医学院校，极大地强化了"一带一路"在卫生医疗人才培养领域的交流与合作。

与此同时，"一带一路"中医药合作越来越获得沿线国家认可。由于中医药应用范围广、可负担性强，"一带一路"沿线国家在建立卫生医疗体系时十分注重引入中医药。截至2021年，中国与43个国家和国际组织签署中医药合作协议，与国际标准化组织合作制定颁布67项中医药国际标准。此外，中国为全球各地输送了大量的中医药人才，成为全球中医药合作的策源地。据中国国家中医药管理局统计，新冠疫情大流行前，中国与近90个国家合作培训外籍中医药专业人员1.3万余人次，海外有中医药业余教学机构约1500所，每年向全球输送约3万名中医药技术人员。根据《推进中医药高质量融入共建"一带一路"发展规划（2021—2025年）》，"十四五"时期，中国将与共建"一带一路"国家合作建设30个高质量中医药海外中心。阿联酋驻华大使阿里·扎希里认为，中国有许多历史宝藏，中医药是最宝贵的遗产之一，不仅对中国，而且对世界都是如此。

旅游交流合作

旅游是促进"一带一路"沿线国家人民互相了解、对话沟通的重要方式。十年来，中国联合"一带一路"沿线国家推出了遍及亚非欧各地的旅游路线，并在国内重点打造多个"一带一路"特色旅游城市。除此之外，中国还积极促进城市间开展关于旅游的对话与交流，多次举办"一带一路"城市旅游合作论坛。目前，中国与东盟、中东欧等地的双边和多边旅游合作机制不断加强。通过与超过140个国家签署了文化和旅游领域的协定或谅解备忘录，中国与"一带一路"沿线国家和地区的旅游合作不断加强。

从空间布局来看，中国跨境旅游合作区的范围不断拓展，主要集中在东北、西北和西南边境毗邻区域。得益于"一带一路"倡议促进中国与俄罗斯等次区域经济合作的蓬勃发展，东北区域跨境旅游合作范围不断扩大。另外，由于毗邻中亚、东盟区域，中国西北、西南地区充分利用区位地缘优势推动跨境旅游合作区建设。从发展情况来看，中国与"一带一路"沿线国家和地区的旅游合作通过举办各种博览会、艺术节、文化节等促进沿线区域的文化交流，实现民心相通，并通过在文化遗产联合申报与保护、品牌共建与营销等方面开展旅游合作，促进"一带一路"沿线区域旅游业发展。

十年来，中国与"一带一路"沿线国家的旅游合作联盟不断成立，在旅游基础设施投资建设、旅游景区申遗保护、旅游签证便利化、旅游服务标准化等方面达成了更多的合作，并拓展了民族文化旅游、文化体验旅游、历史文化旅游、邮轮旅游、特色旅游等多种旅游合作方式。随着2022年年尾中国放松出入境疫情防控政策，中国与"一带一路"沿线国家和地区的旅游合作将再次迎来爆发期，这也将有利于中国与"一带一路"沿线国家和地区的经济复苏。据统计，"十三五"期间，中国为"一带一路"建设参与国输送1.5亿人次游客、带来2000亿美元的旅游消费。巴西瓦加斯基金会巴中研究中心主任埃万德罗·卡瓦略表示，中国是出境旅游消费大国，有序恢复中国公民出境旅游，必将给旅游目的地经济带来积极影响，"期待中国游客前来探索巴西魅力，相信未来中国和其他国家的人文交流更加频繁，推动世界互联互通"。

科技交流合作

十年来，科技交流合作一直是拉近"一带一路"沿线各国民心的有效途径。科技交流与合作不仅有利于改善沿线各国的民生，也有利于沿线各国经济社会的全面发展。在《推动共建丝绸之路经济带和21世纪海上丝绸之路的愿景与行动》中，中国明确提出"加强科技合作"，并详细指出要与沿线各国共建联合实验室、国际技术转移中心、海上合作中心。在2017年的"一带一路"国际合作高峰论坛开幕式上，"一带一路"科技创新行动计划正式启动。自此，中国与共建"一带一路"国家在科技人文交流、共建联合实验室、科技园区合作、技术转移等方面开展合作。截至2021年末，中国与84个共建国家建立科技合作关系，支持联合研究项目1118项，在农业、新能源、卫生健康等领域启动建设53家联合实验室。此外，中国与东盟、南亚、阿拉伯国家、中亚、中东欧共建了5个区域技术转移平台，并与东盟、南亚等地区达成了科技伙伴计划。

目前，中国与"一带一路"沿线国家的科技合作通常采用引进技术后二次开发，进而将科技成果产业化的方式。以中葡科技交流合作为例，近年来，中葡两国在空间和海洋等领域的交流与合作越来越密切。随着中葡星海"一带一路"联合实验室全面启动，中葡共同布局深空、深海、气候等重大科学议题，以满足两国乃至全世界对知识探索、社会发展的需要。两国的合作特别讲究务实，聚焦民众关切的重大问题。例如，通过深海生态监测探究蓝色海洋经济的发展，以及利用空海监测技术分析全球气候变暖等。葡萄牙前科学、技术与高等教育部部长埃托尔认为，科技合作一直是葡中友好关系的重要组成部分，双方在这些领域建设的联合研究平台，正在为联合研究、人员交流、产学研结合等发挥重要作用。

从深空到海洋，随着共建"一带一路"框架下科研平台建设、科技园区合作、科技人文交流、联合研发攻关、技术转移等各类科研项目不断推进，中国与"一带一路"沿线国家和地区不断提升创新能力，以科技创新改善经济民生，拉近各国民心。

农业交流合作

随着"一带一路"倡议持续推进，中国与"一带一路"沿线国家与地区就农业贸易、农业技术、农业人才交流等达成了广泛的合作，取得巨大成绩。十年来，中国开展的农业技术援助惠及超过40个"一带一路"参与国，累计帮助50多个非洲国家建成20多个农业技术示范中心，并实施近500个农业援助项目。总体来看，超过100个国家和国际组织与中国签署了超过500份科技合作文件，取得了大量成绩。

十年来，中国与沿线国家建立了多层次的合作架构。一是加强双边合作规划：例如，与埃及签订的"农业合作三年行动计划（2018—2020年）"、与智利签订的"关于提升农业合作水平的五年规划（2017—2021年）"等；二是定期召开多边合作会议：例如，"一带一路"农业合作部（州）长圆桌会议、中国—中东欧国家（"16+1"）农业部长会议等；三是举办农业相关合作论坛：例如，"一带一路"粮食安全高峰论坛、"一带一路"框架下的农业国际合作论坛、中国－东盟农业合作论坛等。

共建智能节水灌溉实验室是近年来中国与"一带一路"沿线国家和地区农业合作的一个缩影。近年来，中国在缺乏水资源的中东国家推动大量节水项目的建设，将中国在节水方面的产业和技术能力运用到中东农业发展中。例如，撒哈拉沙漠中的摩洛哥"中非盐水农业示范农场"通过中国土壤改良技术改善了当地土地盐碱沉淀、土壤退化的状况，大幅缩减了农场中每棵椰枣树的年用水量。由于中东和北非地区干旱缺水，相关"一带一路"沿线国家与地区积极与中国开展农业合作，开发和引进先进技术，大力发展节水农业。艾因夏姆斯大学农学院院长艾哈迈德·贾拉勒表示，发展沙漠农业的最大问题是缺水缺电，节水灌溉系统通过利用太阳能、风能和地下渗透管，节水率达到40%，令人印象深刻。

生态交流合作

十年来，绿色低碳理念深入"一带一路"沿线国家人心，生态交流合作成为"一带一路"民心相通工作的重要内容。十年来，中国与联合国环境规划署签署了《关于建设绿色"一带一路"的谅解备忘录》；沿线28个国家与中国达成"一带一路"绿色发展伙伴关系倡议；沿线30多个国家与中国签署了生态环境保护的合作协议。

在中国的主导下，100多个来自相关国家和地区的合作伙伴与中国一起成立了"一带一路"绿色发展国际联盟。联盟提出将联合国2030年可持续发展议程融入"一带一路"倡议中，加强相关领域的政策沟通、研究合作。目前，联盟遍及40多个国家，发展至超过150个合作伙伴。此外，中国发布了"一带一路"生态环保大数据服务平台，加强生态环保技术创新与交流，并实施了"绿色丝路使者计划"，培训了120多个国家3000人次环境管理人员和专家学者，凝聚绿色发展共识和合力。

在非洲，中国建设的蒙内铁路更是生态保护和基础设施发展相结合的典范。肯尼亚著名环保人士阿里·穆罕默德高度认可这条现代化铁路，"因为它不仅助力经济振兴，更重视保护沿线生态，保护红树林"。在穆罕默德的描述中，蒙内铁路不仅没有破坏生态，反而改善了生态环境，保护区中红树林茂盛如常，各类动物在铁路大桥下穿梭来往。其实，在蒙内铁路的建设过程中，建设方根据大象等大型动物的生活习性，在铁路沿线上设置多处动物通道，以便动物来往。

青年交流合作

青年是参与共建"一带一路"的生力军，也是促进民心相通的重要力量。正如日本前首相鸠山由纪夫所说，青年是世界的未来，也是"一带一路"建设的关键一环。随着中国与"一带一路"沿线国家和地区各领域人文交流深入推进，青年在参与共建"一带一路"中的作用逐步显现。十年来，"一带一路"沿线开展了大量青年交流合作活动，内容十分丰富，规模也越做越大。其中，留学互访、文化夏令营、艺术交流互鉴等活动获得大量青年的积极参与，拉近了各国青年之间的距离。

习近平主席表示，"青年最富有朝气，最富有梦想，是未来的领导者和建设者。国之交在于民相亲，而民相亲要从青年做起"。"一带一路"沿线国家分属于东南亚、南亚、西亚、北非、中东欧以及中亚和蒙古，这些国家大多数仍是发展中国家，人口结构属于"成年型"，尚未步入老龄化社会，青年是社会的主力。因此，青年之间的交流互动是"一带一路"沿线民心相通建设的重点。十年来，中国通过推动青年教育交流、青年互访、青年论坛等活动，让各国青年用欣赏、互鉴、共享的观点看待世界，从而进一步推动不同文明交流互鉴、和谐共生。

此外，青年一代成长于信息时代，思维更加开阔，更具包容性。对于"一带一路"倡议，多数沿线国家青年都认为这是一个增进相互了解、增强交流互鉴的时代机遇。在2017年"一带一路"青年故事会上，来自10余个国家的约200名青年代表相互交流学习。其中，一位伊朗姑娘带来了一段古朴而优美的民族音乐，广受各国青年喜爱。她生动地将"一带一路"的意义阐述为"各个国家需要共同合作，奏响交响曲，而不是独奏曲，这也正是丝绸之路的意义所在"。

妇女交流合作

妇女交流合作是"一带一路"改善民生、拉近民心的重要方式。可以说"一带一路"为中国和沿线各国妇女的发展提供了机遇和平台。从对外援助与合作来看，以中国妇联为代表的妇女组织为98个国家培训了2000多名妇女骨干，举办100多期研修和技能培训。此外，为了改善沿线国家妇女的生产生活条件，中国先后向沿线18个国家提供了23批缝纫机、电脑等物资援助，帮助当地妇女拓宽自己的生产能力，改善家庭收入和生活条件。中国对妇女合作的重视深受沿线各国政府和妇女的欢迎，切实改善了当地民生，拉近了各国民心。

此外，借助在妇幼保健等方面的领先水平，中国重点在这些领域开展与沿线各国妇女的交流与合作，取得了丰厚的成果：例如，中国将"提升'一带一路'各国妇女儿童健康水平"纳入"一带一路"卫生合作十项重点领域，并划拨一部分南南合作援助基金专门用于妇幼健康项目。与此同时，中国民间社会组织积极响应"一带一路"倡议，与沿线国家开展了诸多妇女交流合作项目。例如，受益人口达12万余人的对缅妇女儿童健康促进、金色缅桂花等6个项目，为菲律宾宿务唇腭裂儿童开展"母亲微笑行动"项目等。

增进交流了解，破除误解与抹黑

以文明互鉴化解"文化霸权""文化殖民"谬论

一些西方国家将中国与"一带一路"沿线国家和地区的文化合作交流视为中国"文化霸权"和"文化殖民"的体现，这其实是西方国家以己度人的心态。在对全球其他地区漫长的殖民和"民主化"改造过程中,一些西方国家自恃"文明国家",以高姿态向其他文明输出和渗透文化,全然不顾其他文明的独立性和特殊性。在这种"文化霸权"思维下,西方国家无视客观事实,无端地将中国的"一带一路"倡议也臆想为一种"文化殖民"手段。例如,在西方论述"一带一路"的文章中,"influence(影响)""changing(改变)"等词频繁出现。

然而,"一带一路"及其所体现的"丝路精神"呈现的是一种新的文明形态。在"一带一路"的交流与合作中,中国尊重文明多样性,因为中国人很清楚文明必须在交流互鉴中成长,当今世界的文明成果离不开每个文明的贡献。可以说,纵观历史,人类在物质和精神层面的成就离不开文明的交流互鉴。因此,在推进"一带一路"建设的过程中,中国尊重文明发展的互补性,强调文明互鉴的重要性。

首先,平等、多元,是文明交流互鉴的要求,也是"一带一路"倡议的追求。习近平主席指出,"文明交流互鉴应该是对等的、平等的,应该是多元的、多向的,而不应该是强制的、强迫的,不应该是单一的、单向的"。因此,"一带一路"展现的文明观是各文明和谐共存、包容互赏、交流互鉴。意大利中国问题专家弗朗切斯科·郗士赞赏中国"坚持开放包容、互学互鉴"的文明对话观,并认为"一切生命有机体都需要新陈代谢才能保持旺盛的生命力,文明也是一样,平等、多元的互鉴交流和兼收并蓄的态度非常重要"。

其次,在实践中,"一带一路"的文化交流不是单向的输出，而是礼尚往来的互动。十年来，中国与"一带一路"沿线国家的文化交流始终是双向的交流，是有来有往的互动。例如，中俄之间既有"中国艺术节"，也有"俄罗斯艺术节"。同时，中国与"一带一路"沿线国家的留学互访以及旅游互动，也增进了各国民众之间的相互了解。此外，中外城市与城市之间的交流不断加强，中国与"一带一路"沿线国家已结成700余对友好城市，文化与文明的交流互鉴孕育其中。

最后，中国与沿线国家的文明互鉴和文化交流是各国文化自强自信进程的有机组成部分。这是一种新型文明交往形式，体现了文明交往的独立性、平等性。在共建"一带一路"过程中，中国不曾干涉他国内政，不曾在项目中强加政治条件，不曾在投资中提出政治要求。这些都是"一带一路"平等交流对话的基础。可以说，中国与"一带一路"沿线国家和地区的文明交流互鉴，不仅将破除西方文化霸权强加于其他文明上的刻板印象，也将消除文明之间的隔阂与误解，让国与国之间的协商对话、共建共享、互利共赢真正成为可能。

以语言教育促进人文交流，拒绝对孔子学院污名化

语言是文明交流互鉴的载体。孔子学院自2004年以来，始终坚持为全球各地提供中文教育资源，降低各国人民了解中国文化的门槛和成本，深受当地民众欢迎。然而，美国频繁炒作孔子学院安全问题，对孔子学院办学初衷进行片面或歪曲的解读，将孔子学院污蔑为中国政府渗透美国校园乃至教育系统的

工具,并无端指控孔子学院从事情报工作,威胁美国国家安全。最终,美国关闭了数十所孔子学院,并要求剩余的孔子学院必须登记为"外国使团"。

事实上,这种污蔑严重缺乏事实依据。

首先,孔子学院是非营利教育机构,旨在促进中文国际传播,加深世界人民对中国语言文化的了解,增进中外教育人文交流。根据《孔子学院章程》,孔子学院主要的工作内容为开展中文教师培养培训、开发中文教学资源、举办中外语言文化交流活动、开展与中国语言文化相关的考试和认证等。自2020年7月5日以来,由多家高校、企业等发起成立的民间公益组织——"中国国际中文教育基金会"全面负责运行全球孔子学院品牌。原则上,基金会不直接参与孔子学院具体管理事务,而是主要负责向中外社会各界募集资金支持全球孔子学院发展。可以说,作为一个非盈利机构,孔子学院为汉语需求大但缺少相应配套资源的国家提供了宝贵的教育公共产品。

其次,孔子学院是中外合作的产物。中外方合作机构是孔子学院的建设主体,承担孔子学院的日常运行和管理工作。中外方合作机构会根据《孔子学院章程》和总体规划,制定具体发展规划,建立保障孔子学院可持续高质量发展的工作机制和各项规章制度。所以,孔子学院并非由中方独立运营,在学术等方面,中方也不会干涉孔子学院。法国洛林大学副校长卡尔·汤布明确表示,"鉴于其文化和语言培训机构的定位,孔子学院不会干涉大学教学"。

最后，孔子学院十分注重务实合作。从全球汉语教学需求来看，除了了解中国文化，大部分需求基于商务交流，以及特定工作或业务交流。因此，为了适应学员多样化需求，一些孔子学院务实地采取了有特色的中文教育模式：例如，纽约州立大学莱文学院与南京财经大学合作办学的纽约州立大学商务孔子学院主攻商务中文的教学，而纽约州立大学眼视光学院与温州医科大学合作办学的纽约州立大学眼视光学院孔子学院则侧重于医学领域的中文教学。这种务实合作的需求本质上是中美经贸、人文往来日益密切的结果，而非美国部分政客臆想的中国"文化渗透"手段。

对于其他国家而言，孔子学院是中文教育重要平台，极大地缓解了本国对中文教学、汉语语言认证的巨大需求。因此，鲜有国家跟随美国将孔子学院的教育和发展政治化、安全化、污名化。俄罗斯莫斯科国立大学孔子学院俄方院长塔季扬娜·布赫季亚洛娃认为，孔子学院为俄罗斯人了解中国打开了一扇窗，为莘莘学子搭建起深入探究中国的平台，在促进俄中文化交流、人文合作方面发挥了不可替代的作用。

未来，再续民心相通佳话

文明交流频繁化，情感共鸣更强烈

发掘文化的共同特征、消除文化间的隔阂是实现"一带一路"民心相通的关键点。从文化、历史角度来看，中国与东亚、东南亚的国家具有相似的文化背景和历史脉络的交互，未来将从文化、历史的角度开展更多合作；中国与印度等南亚国家具有佛教上的宗教渊源，未来将在宗教领域发掘更多共同话题；中国与伊朗等西亚国家都出现过璀璨的文明，未来将从文明古国的文化发展方面寻找合作空间；中国与俄罗斯、中亚的国家曾在二战中并肩战斗，具有深厚的革命友谊，未来可从革命文化中汲取合作的思路。此外，在欧洲、非洲等地也不乏中华文明与当地文明相互交流的痕迹。

当前，全球进入新的动荡变革期，文明之间的交流互鉴对消弭分歧、促进协商对话、实现互利共赢具有十分现实的意义。马来西亚学者胡逸山认为，"当今世界正处在一个变革的时代，各文明应该互学互鉴、各取所长，共同创造更美好的生活"。巴基斯坦民间遗产博物馆创始人由克希·穆夫提表示，"一种文明要想实现永续发展，就必须要向其他文明学习，这不等于背叛本民族的传统，而是为了更好地发展自己"。从现实的角度来看，人类对美好事物的追求不会变，对经济社会发展的需求不会变。"一带一路"倡议正是贴近了沿线国家和文明谋求进一步发展的需求，才为不同民族、不同文化之间实现"民心相通"提供了可能性。

参与主体多元化，民间组织发挥更大作用

十年来，"一带一路"倡议得到世界各地民间组织响应，越来越多的民间组织加入其中，让"一带一路"倡议的参与主体

更加多元化。在民心相通工作中，民间组织发挥了连接政府与民众的作用。目前，已经有超过300个沿线国家社会组织加入丝绸之路沿线民间组织合作网络。该合作网络由中国民间组织国际交流促进会和中国国际交流协会等中国社会组织发起成立，逐渐成为改善沿线国家民生，拉近沿线国家民心的关键力量。

由于民间组织架构灵活、行动迅速，因此在"一带一路"重大合作中发挥了巨大作用。例如，新冠疫情的暴发对"一带一路"沿线国家造成巨大冲击，中国和沿线各国民间组织迅速反应，在丝绸之路沿线民间组织合作网络下，开展"丝路一家亲"民间抗疫共同行动，推动形成了近60个国际抗疫合作项目，向近40个国家提供了抗疫援助，帮助这些国家度过了疫情暴发初期的困难局面。

随着"一带一路"倡议持续推进，民间组织必将成为促进经济社会发展、推动国际合作的重要力量，在民心相通工作中发挥更大作用。

合作交流年轻化，Z世代塑造"一带一路"未来

"一带一路"沿线的大部分国家具有大量的青年人口，因此，青年必然是民心相通工作的重要参与者。当今社会信息大爆炸，青年能够从更多渠道、更多视角看待这个世界，也能够

更清晰地认识来自不同文明、不同文化的事物。近年来，出生在1995年到2010年之间的Z世代青年积极探索世界，这些"95后""00后"将逐渐成为"一带一路"建设以及文化交流互鉴的重要力量。

一方面，互联网、智能手机、5G通讯等技术的迅猛发展，让青年人之间的交流变得更加顺畅。虽然"一带一路"沿线青年交流缺乏组织性，但是年轻人之间的交流频率更高、更接地气，也更易融于当地社会。青年人的切身故事更能打动周边的环境，拉近"一带一路"沿线国家民心。例如，来自哈萨克斯坦的迪玛希在中国湖南卫视的《歌手》节目中爆红，深受中国民众的喜爱，而迪玛希的这种海外爆红反过来也引起了哈萨克斯坦本地对中国娱乐节目的关注，增进了两国人民的相互了解。

另一方面，青年人有着独特的世界观、人生观、价值观，更容易接受新鲜事物、生活变化以及外来文化。联合国秘书长青年特使贾亚特玛·威克拉玛纳亚克表示，当代青年在充满挑战的世界中长大，他们没有被动地等待改变的来临，而是主动作为，在社区、国家和全球积极倡议、推进和监督可持续发展目标的实施，努力建设更加美好的世界。未来的民心相通工作将继续推动青年参与，让文明在交流与互鉴中成长，让"一带一路"倡议更具时代活力。

第四章

"一带一路"
贸易畅通

Belt
and
Road
Initiative

"一带一路"开创国际贸易畅通新格局

当前,疫情冲击、地缘冲突、能源危机使得全球经济复苏缓慢。在此背景下,根据联合国贸易和发展会议公布的数据显示,2021年,世界货物贸易保持强劲增势,服务贸易最终恢复到疫情前的水平。2021年全球贸易总额28.5万亿美元,同比增长25%,比2019年疫情暴发前高出13%。

其中,中国的进出口贸易规模仍然亮眼。根据海关总署的数据显示,2021年,中国货物贸易进出口总值39.1万亿元,比2020年增长21.4%。而且,2021年,中国对"一带一路"沿线国家进出口总值11.6万亿元,同比增长23.6%,较同期中国外贸整体增速高出2.2个百分点。其中,出口6.59万亿元,同比增长21.5%;进口5.01万亿元,同比增长26.4%。

"六廊六路多国多港"的互联互通架构基本形成,中欧班列成为贯通亚欧大陆的国际运输大动脉,促进沿线各国经济深度融合的规则标准"软联通"不断推进。数据显示,2013年至2021年,中国同"一带一路"沿线国家累计货物贸易额近11万亿美元,双向投资超过2300亿美元,加强联通所带来的发展机遇充分显现。

目前,"一带一路"倡议对于沿线诸国的整体经济发展起到了重要的作用。就传统陆上与海上丝绸之路而言,中国的对外经贸活动主要涵盖整个亚洲地区和部分非洲地区,而新时期的"一带一路"倡议,在旧有贸易范围的基础上,进一步向欧洲、澳洲等地区扩展，具有鲜明的全球化特色。

近年来，中国国际经贸活动在贸易规模、贸易范围上得到了快速提高。据2021年数据显示，中国进出口贸易总额达到了6.05万亿美元，世界占比高达13%，由此可知，国际贸易对中国经济发展的影响是非常关键的。"一带一路"倡议的提出，为亚欧非地区经济格局的再整合提供了新思路，而相关规划的落实也必然会对当前国际经济贸易状况产生深远的影响与变化。明确"一带一路"背景下国际经济与贸易行业的发展新趋势，可使国家层面的战略规划始终保持前瞻意识，对进一步打破各国间的贸易壁垒、实现各国经济贸易的繁荣发展具有促进作用。

亚欧大陆由丝绸之路紧密相连

受益于"一带一路"倡议的实施和中欧陆上直达交通线的建立，近年来，中欧贸易呈爆发式上升局面，但与中澳贸易相比，中欧经济贸易更多表现出发展中国家的贸易特点。例如，在贸易构成上，中国向欧洲出口的产品以工业制成品和电子类产品为主，在一定程度上展现了中国工业化的成果，但由于缺乏成熟的市场经济运作手段，中方贸易产品仅能在欧洲的中低端市场获得稳定份额，因而具有贸易额较高、利润率较低的特点。而欧洲向中国市场输出的产品，无论是具备技术垄断优势的半导体相关产品，还是特色化农副产品，在品牌效应的影响下，均可以轻松占据中国的高端市场。

根据世贸组织数据显示，2021年，中国和欧盟分别是世界第一、第三大货物贸易进出口地区，占全球货物贸易总额的约13%和10%。另一方面，中欧双边贸易互为彼此对外贸易的重要组成部分。根据海关总署的数据显示，2021年，中欧双边贸易规模呈现快速增长的态势，这体现出中欧在经贸等多领域中强大的合作活力、韧性和潜力。从具体数据来看，中国与欧盟进出口总值达8281.1亿美元，同比增长27.5%。中国继续保持欧盟第一大贸易伙伴地位，欧盟为中国第二大贸易伙伴。从进出口商品种类来看，中欧货物贸易结构逐步优化，中国已是欧盟第三大出口市场和最大的进口伙伴。欧盟对华出口占欧盟对外出口的10%，主要贸易产品为机械和车辆（占对华出口的52%）、其他制成品（20%）和化学品（15%）；欧盟自华进口占欧盟以外进口的22%，主要贸易产品包括机械和车辆（占从中国进口的56%）、其他制成品（35%）和化学品（7%）。

丝绸之路网罗亚洲经济畅通

亚洲经济发展的不平衡性决定了中国和亚洲其他各区域的贸易状况存在明显差异。例如，中国和其他东亚国家的贸易主要集中于高端工业制品和文化类产品等领域，在贸易规模、贸易品类方面均非常丰富，表现出中国和其他东亚国家在地缘、文化等方面的趋同性；中国和西亚地区的贸易更多地围绕直关国家命脉的基础必需品展开，比如石油贸易、大型工业器械贸易等；中国和东南亚国家的贸易活动又与我国的南海开发战略形成了联动配合，通过深化和东南亚各国的工农业交流，以粤港澳为贸易前站的中国南方地区经济潜力得到了更充分的开发，而东南亚国家也通过与中国的贸易合作，特别是通过承接中国产品的转口贸易业务，实现了经济的持续快速发展。

2021年，中国与东盟货物贸易额达8782亿美元，同比增长28.1%。其中，中国对东盟出口4836.9亿美元，同比增长26.1%；自东盟进口3945.1亿美元，同比增长30.8%。东盟连续成为中国第一大贸易伙伴。在东盟国家中，越南、马来西亚、泰国分别为中国在东盟的前三大贸易伙伴国。

2021年11月22日，中国—东盟建立对话关系30周年纪念峰会胜利召开，中国和东盟共同宣布建立面向和平、安全、繁荣和可持续发展的全面战略伙伴关系。在《落实中国—东盟面向和平与繁荣的战略伙伴关系联合宣言的行动计划（2021—2025）》所列重点领域的基础上，进一步明确中国和东盟就《中国—东盟建立对话关系30周年纪念峰会联合声明》以及双方商定领域深化务实合作的承诺。东盟重视中国提出的"共建和平家园、安宁家园、繁荣家园、美丽家园、友好家园"的愿景。

具体而言，其一，加速完成《中国—东盟自贸区进一步升级（3.0版）联合可行性研究报告》，尽早启动中国—东盟自贸区3.0版谈判，以进一步增强中国—东盟自贸区，包括在数字经济领域创造更多贸易机会、探索绿色经济发展、培育合作新增长点，等等，努力建设更加包容、现代、全面和互利互惠的中国—东盟自贸区；其二，共同全面有效落实《区域全面经济伙伴关系协定》（RCEP），造福地区企业和人民，中国愿为有需要的东盟国家提供实施RCEP的能力建设支持；其三，根据《中国—东盟关于"一带一路"倡议与〈东盟互联互通总体规划2025〉对接合作的联合声明》，提高中国和东盟的互联互通水平，包括在东盟国家推进高质量基础设施重要项目和中国—东盟互联互通项目，比如共建中新国际陆海贸易新通道等。

过去的30年，共同合作创造了中国—东盟"双赢"的局面，给双方的经济发展和人民福祉带来了实实在在的好处，也为双方共克时艰提供了有力支持和帮助。

丝绸之路打通中非经贸之路

自中国加快实施"走出去"战略以来，中非经济关系水平迅速提升，尤其在"一带一路"倡议推动下，中非间贸易和投资等领域的合作持续深化。2000年贸易额首次突破100亿美元后，中非贸易进入"快车道"，2014年达到2200亿美元，2021年则超过2500亿美元。

在贸易方面，中国已成为非洲最大的贸易伙伴国。中非进出口总额从2001年的130亿美元增至2021年的2500亿美元，年均增长率超过20%，是位居第二的印度（590亿美元）的4倍以上。尤其在全球金融危机后，中非贸易增速明显加快。

基础设施建设是实现非洲经济可持续发展的关键，也是中非合作的重点领域。中国对非洲基础设施项目投资主要包括工程承包、优惠贷款等方式。在工程承包方面，非洲已连续多年成为中国第二大海外工程承包市场。中国政府长期支持非洲的基础设施建设，中非产能合作、非洲"三网一化"、中非"十大合作计划"等合作机制和安排不断落实推进，中非发展基金、中非产能合作专项融资等为中非基础设施合作提供了有力的金融支持。2019年起，中非经贸博览会的主体聚焦基础设施、合作园区等领域的合作，这不仅为中国企业在非洲的业务拓展奠定良好基础，也进一步提升中国在非洲各国的市场份额和声誉。

蓝色丝路续写海路经贸新篇章

"21世纪海上丝绸之路"将中国贸易畅通与经略海洋这两大战略思想连接起来，以国际重要港口为节点，通过"五通"，依托海洋航线促进生产要素的国际间自由流动，开创合作模式多样、涉及产业多元、覆盖范围广泛的国际海洋经济合作新范式。

国际贸易作为各国之间实现经济互通的重要手段，是推动海上丝路沿线地区政治进步、文化交融的重要途径。东亚、东南亚和欧洲地区的部分国家经济蓬勃发展，科技水平位于世界前列，对带动沿线国家国际贸易发展做出了重要贡献。

近年来，柬埔寨、缅甸和越南等国家国内市场逐渐对外开放，贸易自由化程度逐渐提高，其中主要是与亚洲发展较快的国家进行对外贸易。西亚及北非地区的埃及、以色列和沙特阿拉伯等国家政府有意为本国投资的企业提供政策援助，同时签订多个双边及多边贸易协议。以色列借助海上丝绸之路建设积极与中国开展合作，把水处理领域作为一个切入点，既为中国缓解水资源紧张的局面，同时又提升该国水处理高科技产品在国际市场的竞争力。沙特阿拉伯出口以石油产品为主，近年来，石化及部分工业产品的出口量也在逐渐增加，约占出口总额的85%。

海上丝路的欧洲部分国家通过出台相关政策，吸引并带动本国的外商投资发展。以希腊为例，希腊政府通过提供较低的税费、海外管理及高技术人才的签证等，吸引相关国家进驻希腊进行投资，并通过国际合作带动希腊外商投资的规模。

港口航运是海上丝绸之路发展的关键，涉及内容广泛，包括与港口、船舶、货物相关的基础航运资源，为完成货物运输而提供一系列服务的船舶经营、船舶登记、入籍、保险、法律和中介代理等服务航运，以及船运信息、知识和规划等智能航运。

海上丝绸之路的起点是福建泉州，2021年，泉州港货物吞吐量达8354.47万吨，195.42万标箱。巴基斯坦的瓜达尔深水港位于波斯湾入海口，是当地第三大港口，由中国援建，作为波斯湾通往东亚、太平洋地区航线的战略要地，对完善港口生产作业能力及沿线航运枢纽提供重要保障。斯里兰卡汉班托塔港距印度洋上的国际主航运线仅10海里，其海陆位置适宜，承担着全球的集装箱货运、散货海运及石油运输等多项重要运输的职能，对于推动斯里兰卡经济发展、提高其在海上丝绸之路的地位发挥关键作用。红海—东非—地中海航段的希腊比雷埃夫斯港是该地区最大港口，自2010年中国企业正式参与运营以来，比港交出了十分亮眼的成绩单。统计数据显示，比港的集装箱吞吐量从2010年的88万标箱增长至2019年的565万标箱，全球排名从第93位跃升至第25位，成为地中海第一大港，排名位于欧洲港口第四。欧洲地区的港口在海运网络中具有地位高、通达性强、辐射范围广等特点，在海上丝绸之路沿线港口中享有较为优势的竞争地位，而东南亚、南亚和西亚、北非地区的港口发展仍需加强建设。

"一带一路"贸易畅通这十年

2022年，是共建"一带一路"倡议提出的第九个年头。这一年，中方与共建"一带一路"国家一道，坚持共商共建共享原则，把基础设施"硬联通"作为重要方向，把规则标准"软联通"作为重要支撑，把人民"心联通"作为重要基础，取得了一批实打实、沉甸甸的发展成果。中国已与150多个国家、30多个国际组织签署200余份共建"一带一路"合作文件，覆盖全球三分之二的国家和三分之一的国际组织。从国际上来看，共建"一带一路"倡议极具"引力"和"潜力"，通过基础设施建设、刺激投资、消除贫困、促进区域互联互通和创造就业、促进经济转型等方式形成了新的发展略径。

"一带一路"贸易畅通精彩纷呈

自2013年以来，中国与"一带一路"沿线国家经济贸易呈现增长快的特点，为各个国家创造了发展机遇，进一步巩固了经贸伙伴关系。根据中国海关的统计数据显示，2013—2021年，中国与"一带一路"沿线国家货物贸易额累计达11

万亿美元，年均增长7.5%，占同期外贸总值的比重从25%升至29.7%。2021年，中国与145个签署"一带一路"合作文件的国家货物贸易总额达2.5万亿美元，占中国货物贸易总额的41.7%。其中，东盟是中国与共建"一带一路"沿线国家开展货物贸易最集中的地区，中国与东盟贸易总额达8782亿美元，占中国与沿线国家货物贸易总额的48.9%，占中国与共建"一带一路"国家货物贸易总额的34.8%。从进出口来看，中国对东盟出口4836.9亿美元，同比增长26.1%；自东盟进口3945.1亿美元，同比增长30.8%。

在产业链供应链合作方面，2013—2021年，中间产品占中国对"一带一路"沿线国家出口比重由2013年的49.8%升至2021年的56.2%。2021年，中国对"一带一路"沿线国家出口机电产品、劳动密集型产品分别为3.55万亿元、1.25万亿元，同比分别增长18.8%、15.2%，合计占当年中国对"一带一路"沿线国家出口总值的72.9%。同期，出口医药材及药品1181.3亿元，同比增长168.6%。中国自"一带一路"沿线国家进口原油、农产品、金属矿砂和天然气分别为1.18万亿元、3565.5亿元、2127.7亿元和1854.5亿元，同比分别增长44%、26.1%、24.9%和38.9%。

在服务贸易方面，2015—2021年，中国与"一带一路"沿线国家服务贸易总额累计达6700亿美元，年均增长5.8%，占同期服贸比重从2015年的12%升至2021年的14.7%。2021年，中国与"一带一路"沿线国家完成服贸进出口总额超过1000亿美元,服务外包业务快速增长,中国承接"一带一路"沿线国家离岸服务外包执行额为243.4亿美元,同比增长23.2%。

"一带一路"贸易便利更加优化

在贸易便利化方面,自2017年2月《贸易便利化协定》正式生效以来,中国积极实施各项贸易便利化措施,实施率达100%。2021年12月,全国进口、出口通关时间分别为32.97小时和1.23小时,分别较2017年缩短了66.14%和89.98%,进出口环节需要验核的监管证件也从2018年的86种精简至41种。

由商品、要素流动型开放转变为规则、制度型开放是"软联通"的关键。2022年1月1日,《区域全面经济伙伴关系协定》(RCEP)正式生效,中国同合作伙伴一起构建了全球最大规模的自贸区。中国还积极申请加入《全面与进步跨太平洋伙伴关系协定》(CPTPP)和《数字经济伙伴关系协定》(DEPA),通过高水平开放带动高质量发展。此外,中国已与14个国家签署第三方市场合作文件,建立第三方市场合作机制,彰显出共建"一带一路"不仅重视市场份额的开拓,更重视技术合作、经验交流、人才培养。

在以跨境电商、市场采购贸易方式为代表的新业态新模式上,2021年,中国跨境电商进出口规模达1.92万亿元,同比增长18.6%,其中出口1.39万亿元,同比增长28.3%,全年跨境电商B2B简化申报商品规模达24.02亿美元。截至2022年第一季度,累计在132个城市和地区设立跨境电商综试区,区内企业建设海外仓超2000个。跨境电商零售进口试点已覆盖全国31个省区市，跨境电商零售进口商品清单上的商品数已达1476个，2020年、2021年两年跨境电商零售进口金额均超千亿元。

"一带一路"贸易好评如潮

根据《印度教徒报》网站报道，中巴双方同意在信息技术领域扩大合作，中方将在巴基斯坦建立新研发中心，以探索该领域的新机遇。另据印度《经济时报》网站报道，伊拉克已成为共建"一带一路"倡议的重要伙伴。在伊拉克卡尔巴拉省，中国和伊拉克正在合作建设海拉特重油发电厂。两国还在道路、桥梁、基础设施、污水处理和海水淡化厂、能源和电力等项目上开展合作。

2022年9月在澳门举行的国际基础设施投资与建设高峰论坛上发布的《"一带一路"国家基础设施发展指数报告（2022）》显示，安哥拉和葡萄牙是其中得分较高的葡萄牙语国家。巴西《里约时报》在线网站报道称，8个葡语国家在2022年"一带一路"国家基础设施发展指数排行榜上的排名都有所上升。其中，安哥拉是"中国企业在葡语国家开展基础设施合作的重要市场，2021年共签署基础设施项目44个，新签合同额达26.4亿美元，占中国与葡语国家新签合同总额的39%"。

除基础设施投资外，央行货币互换、中国的卫星和海底光缆网络、学生交流和自由贸易协定等"软联通"领域也是外媒关注的重点。俄罗斯《观点报》网站刊发题为《人民币在俄罗斯何时取代美元和欧元》的文章指出，人民币在相对不长的时间内一跃成为莫斯科交易所交易量仅次于美元和欧元的第三大活跃货币。在俄罗斯市场上，投资人民币的基础框架刚刚开始建立，目前投资机会不会太多，但进程已经启动。《日本经济新闻》网站刊发题为《"一带一路"下一个篇章事关人民币》的文章指出，只有各国开始更广泛地使用人民币，金融融合才有可能实现。

"一带一路"贸易市场更加广阔

随着《区域全面经济伙伴关系协定》（RCEP）生效实施以来，"一带一路"倡议的政策红利逐步释放，有效推动区域经贸合作。区域数字贸易将迎来发展新空间，跨境电商等贸易新业态有望加速发展。

"这是中国的茉莉花茶，喝起来非常清香。这是广西特色小吃螺蛳粉，闻着臭吃着香，一定要尝尝！"在位于广西南宁的Lazada跨境生态创新服务中心，来自马来西亚的留学生佩丽雅热情洋溢地向东南亚网友们推介中国特色产品。RCEP生效实施后，中国—东盟跨境电商发展如火如荼，为中国—东盟经贸合作注入新动能，越来越多像佩丽雅这样的东盟友人享受到了跨境电商带来的机遇。已在中国求学8年的佩丽雅将跨境直播当作业余生活的重要一环。"我把中国的产品介绍到马来西亚，也把马来西亚的咖啡和榴莲介绍到中国，直播就像连接我和远方家人的纽带，对我来说，将来也是非常棒的就业选择。"

"蚂蚁洋货"是一家多年从事跨境电商贸易的广西本土跨境电商平台，随着中国与东盟经贸往来不断密切，公司跨境商品品种更是不断丰富。从马来西亚的猫山王榴莲、燕窝，到越南的咖啡、泰国的乳胶寝具……其中，燕窝和榴莲是蚂蚁洋货的热销品类。据介绍，蚂蚁洋货仅2022年上半年就实现进口燕窝（净燕）4.9吨，货值超6000万元。"RCEP对我们公司的发展带来了积极影响，关税减让和通关时效变快，让我们进口东盟商品日益便利和多样。"据广西蚂蚁洋货供应链管理有限公司运营经理彭雪艳介绍，公司正积极与东盟国家多家商品品牌联络，帮助更多优质产品进入中国市场。

在后疫情时代，"宅经济"需求将会进一步释放，人们纷纷把消费转移到了线上，跨境电商平台成为消费者采购的重要渠道。据相关统计，在马来西亚、新加坡、越南、泰国、菲律宾和印度尼西亚等东盟主要经济体中，2021年新增互联网用户4000万人，这些区域中的网民规模由2019年的3.6亿人增加到4.4亿人，其中有80%的网民在2021年有过多次网上购物的经历。并且，互联网基础设施的进一步建设使得这些地区的互联网普及率达到了75%。未来网络消费的潜力将进一步得到释放。

"一带一路"贸易物流更加立体

"一带一路"沿线各国正加快建设基础设施，释放海陆空物流潜能，以互联互通促进互利共赢。

作为"一带一路"的重要节点，港口是国际运输的"先行官"，港口运转海运量在全球贸易运输总量中占比达80%，中国的港口和集装箱货物吞吐量连续十余年高居榜首。中国正利用云技术构建"智慧港口"，打造数字化信息枢纽。2022"丝路海运"国际合作论坛在厦门召开，会议指出下一步要坚持开放包容、互利共赢，市场运作、政府引导，统筹协调、积极探索，创新驱动、绿色发展，进一步推动"丝路海运"高质量发展。此外，在上海合作组织撒马尔罕峰会期间，中国国家发展和改革委员会、吉尔吉斯斯坦交通和通信部、乌兹别克斯坦交通部围绕中吉乌铁路项目签署合作文件，标志着中吉乌铁路项目取得阶段性进展。截至目前，该项目已完成重点方案线路调查及沿线测绘，地质勘探等其他各项工作正在按既定工作计划有序推进。

2022年是蒙内铁路运营5周年。5年来，蒙内铁路平均上座率超90%，已经成为肯尼亚经济社会发展和民生改善的助推器。据初步估算，蒙内铁路对肯尼亚的国民生产总值贡献率超过2%。蒙内铁路为肯尼亚创造近5万个就业岗位，绝大部分工作本地化率超过80%，同时也为肯尼亚培养了1700余名高素质铁路专业技术和管理人才。此外，中老铁路在建设过程中就已经带动老挝当地就业达11万人次，帮助老挝修建公路水渠近2000公里，带动老挝当地原材料销售超过51亿元。开通运营8个月以来，中老铁路跨境货运能力明显增强，货物品类增加12倍以上。沿线旅游观光、物流运输和基础设施建设均提质升级。中国铁路"走出去"成为"一带一路"建设和国际产能合作的一张亮丽名片。

2022年以来，东盟铁海联运、中欧班列、国际远洋集装箱航线再添新线，拓展了东盟、俄罗斯、澳洲等经贸目的地。2022年9月3日，四川绵阳首趟西部陆海新通道东盟铁海联运班列发车，满载重质纯碱等化工原料的货运列车通过铁路运抵广西钦州后，再转海运发往越南海防。2022年9月11日，满载着造纸设备、造纸添加剂等货物的中欧班列（中豫号）从中铁联集郑州中心站驶出，经二连浩特出境驶往俄罗斯乌兰乌德，标志中欧班列（中豫号）再增新线。2022年9月23日，海南自贸港至非洲的国际远洋集装箱航线在洋浦国际集装箱码头正式开通运营，这是海南自贸港开辟的第二条洲际集装箱航线。至此，洋浦港内外贸航线达40条，西部陆海新通道国际航运枢纽的地位进一步凸显。此外，河南邮政开通了出口中亚各国卡航国际物流的新通道，这是继空运、海运、铁运专线之后，河南邮政首次开通的省内至中亚各国的卡航运输，具体线路是经由新疆喀什伊尔克什坦口岸到达乌兹别克斯坦的塔什干，全程汽运，享受不限仓位、保证时效、快速通关等优势。在河北省，编组35车、满载2100多万元建材、金属制品、西药等货物的班列从石家庄国际陆港启程驶往西部陆海新通道的起点重庆，通过西部陆海新通道将外贸产品发往东盟，"内贸+外贸"混合编组物流既实现了高效，又促进贸易来往。衡水与石家庄首次联合开行的"衡石欧"中欧班列，从石家庄国际陆港出发，经二连浩特口岸出境驶往俄罗斯莫斯科。成都（双流）空铁国际联运港正式与乌鲁木齐国际陆港区"牵手"共推"空铁公海"多式联运合作。

成都空港城市发展集团与新疆国际陆港集团线上签署合作协议，共同建立全面战略合作伙伴关系，为区域内企业维护产业链供应链稳定。

"一带一路"贸易畅通对国际贸易的实际作用

"点对点，面对面"织成国际贸易网

全球经济的发展进程中，资源配置的不均衡是需要解决的主要问题，在国际经济与贸易活动中具体表现为资金短缺、债务危机等方面。以中国为例，改革开放以来，广州、深圳、香港等城市作为中国的贸易中心，承担着推动国内经济发展、提升贸易水平的重任，同时也是化解国际资源配置不均的主要抓手。"一带一路"倡议的提出，为国际经济贸易提供了新的贸易平台，使得东南亚、中亚、中东、欧洲等地区的经济贸易合作伙伴关系进一步发展，增加了国家和地区之间的经济贸易关联度。不仅如此，"一带一路"倡议的提出，还能加深沿线各国重要港口城市与经济体量较大国家的经贸合作关系，体现在马六甲航线沿岸国家的经济贸易互动变得更加高效、活跃。在助力沿线国家经济的进一步发展、实现合作共赢方面，"一带一路"倡议发挥了重要的作用，促进了全球经济贸易网的形成。

产业"齿轮"促全球供应链运转

在全球化趋势下，原材料与产品的全球供应链逐渐打破传

统的产品加工与贸易模式。根据世贸组织的数据显示，在全球产业发展中，工业半成品及零部件的交易份额占据总交易量70%以上。这就反映出全球大部分国家都处在生产和加工工业半成品的阶段，只有少数国家能在全球供应链流转过程中实现对工业制成品的全程制造。这一统计数据意味着，全球化进程虽然能够为相当一部分国家提供客观的经济效益，但随着全球化程度的加深，贫富差距也将呈现出日益扩大的趋势。"一带一路"倡议则是希望能够通过沿线国家间合作平台的创建及经济合作伙伴关系的确立，成功构建多边机制，打破国家间的贸易壁垒，提高国际经济贸易在全球化进程中的公平性，建立国际合作新架构，在最大程度上化解贫富差距，实现共赢。

具体而言，在疫情暴发、全球经济衰退等负面因素冲击下，"一带一路"沿线经济展现出强大韧性与活力，尤其是在维护区域乃至国际产业链、供应链、价值链方面发挥了不可或缺的作用。在疫情肆虐期间，包括瓜达尔港在内的70个走廊项目建设运营正常开展，极大促进了生产建设与疫情防控的均衡演进。不仅如此，中国向"一带一路"相关国家提供了大量医疗物资，并且在疫苗的国际合作方面，中国政府将疫苗作为全球公共产品向"一带一路"相关国家提供，一定程度上缓解了全球抗疫资源不匹配的状况，解决了沿线国家疫苗短缺的问题。

经贸制度、机制对接更加有效

目前，在世界经济格局与贸易秩序尚处于有待调整、完善的情况下，资源配置方式欠佳，资金、原材料、技术等经济要素流动性差的问题加剧了全球经济复苏的难度。在这样的大环境下，"一带一路"倡议坚持以亚洲乃至全人类的共同命运为着眼点，致力于实现对区域范围内国家经济贸易诉求的对接，为所有沿线国家及其他经济体打造新的贸易合作平台，利于实现各国和地区的制度和机制对接。此外，"一带一路"倡议的提出能够加强本土及跨区域经贸合作，并通过对世界经济格局及经济秩序产生重大的积极影响，在强化各个国家和地区间经济贸易联系的基础上，健全和完善现有的国际经济秩序、贸易秩序，为世界经济的发展带来新的生机和活力。具体而言，"一带一路"沿线的东南亚、南亚、中亚、西亚、中东欧及北非等地区以发展中国家为主，经济发展基础薄弱，整体水平偏低，需要借助国际力量推动基础设施建设。基于此，2015年6月，中法两国政府正式发表《中法关于第三方市场合作的联合声明》，首次提出"第三方市场合作"概念。截至2019年，中方已与法国、日本、意大利、英国等14个国家签署第三方市场合作文件。实践中，中国与欧洲相关国家建立了常态化工作机制，定期举办工作会议，并与有关国家签署示范项目清单。第三方市场合作也有力推动了"一带一路"建设。以2022年上半年来说，尽管仍然受到新冠肺炎疫情的影响，但第三方市场合作仍稳步推进，取得了实实在在的成果。2022年2月，中国与法国签署了第三方市场合作第四轮示范项目清单，包含基础设施、环保和新能源等领域7个项目，总金额超过17亿美元。2022年3月，中国与英国的第三方市场合作示范项目——肯尼亚A13公路LOT3段升级项目在中英企业间达成融资协议，该项目采用PPP（公私合营）模式，总投资1.8亿美元，中方联合体负责项目总承包，英国担保机构盖兰特公司为项目提供还款担保。2022年6月，中国与新加坡在互联互通项目金融领域的首个第三方市场合作项目在泰国成功落地实施。渣打银行重庆分行联动渣打银行泰国分行，向重庆洪九果品泰国子公司发放首笔300万美元贷款，以推动该公司在泰国的商品出口。

"一带一路"贸易畅通化误解为凝聚

自"一带一路"倡议提出以来，国际上就有不少误读，这在本质上是缺乏相互理解而造成的误解。"一带一路"推进贸易畅通以来，为国际经济合作提供了中国智慧和中国方案，促进了沿线国家的经济贸易长足发展。各国之间签署了大量的合作协议，取得的卓越成就有目共睹。由此，在面对这些外部误解或质疑时，首要是加强沟通，心平气和地促进更大程度的相互理解，这才能够促进全球经济的可持续发展。

消除"债务陷阱论"，促进国际经贸有序推进

面对西方国家政府、媒体针对"一带一路"提出的"债务陷阱论"的论调，无论国际或国内，都应客观公正地看待。

从"一带一路"贸易畅通的发展路径来看，"一带一路"贸

易畅通始终建立在互利共赢的基础上，不仅符合东道国经济社会的实际需求，更利于实现经济的辐射效应，带动更广范围的经济发展。不过，我们也应清晰地认识到，"一带一路"沿线国家大多仍然存在基础设施薄弱、贸易畅通不足的情况，这也成为制约其经济发展的主要障碍。加强基础设施建设、促进贸易畅通，通过"乘数效应"加速带动其经济活动的活跃度，能够直接拉动区域经济的普遍增长。这对于发展中国家经济增长具有非常积极的意义。举例而言，在2022年2月，印度尼西亚雅万高铁全线最长隧道贯通，这为东道国的交通带来极大的便利。无独有偶，就在当月，蒙内铁路的首列由肯方独立班组值乘旅客列车也开始发车，由肯方员工从事铁路运营工作，使得该项目促进民生、提高就业的目标得以实现，其贡献之大不言而喻。从数据上来看，蒙内铁路可以为肯尼亚的年经济增长带来1.5%的贡献率，同时还会提供5万个就业岗位。贸易畅通和基础设施建设都已经为东道国的经济带来了不可或缺的助力，这是"一带一路"合作的丰碑。

根据非洲知名经济网站《经济金融》的一篇文章指出，非洲真正的债务危险来自西方私人债权人，而并非中国。另外，根据牛津大学政治与国际关系学院尼古拉斯·利波利斯研究员和哥伦比亚大学全球能源政策研究中心哈里·范霍文博士的研究数据表明，自2004年以来，西方私人债权人一直是非洲大陆债务积累的主要源头。该研究还得出结论，"债务陷阱"就是以美方为代表的西方对中国的舆论针对，以达到西方私人债权人不愿减免非洲债务的目的。

众所周知,"一带一路"在国际合作、贸易畅通方面做出了巨大的努力,尤其在可持续发展方面已经具有相当的成绩。针对"债务陷阱"的论点,用事实证明是最好的回击。对于债务问题,中国采取了包括债务免除、延长期限、降低利率和合作经营等多项措施,以减轻债务国偿债负担,增强债务可持续性。数据表明,自"一带一路"倡议提出后,非洲的债务问题已经从之前的峰值正在逐步下降,这其实是化解了债务问题。另外,在"一带一路"合作中,中国积极努力与多边金融机构加强合作,并在国际框架下开展了多项暂缓偿债计划。截至2021年5月,中国已经暂缓最贫困国家债务偿付额超过13亿美元,是二十国集团中落实缓债金额最大的国家。在《中非合作2035年愿景》中,中国进一步提出加强依靠多边金融机构合作,促进非洲的可持续发展融资有效落实。

在"一带一路"合作框架中,化解发展中国家债务问题最好的方式是从根源上助力其经济发展,通过贸易畅通、基础设施建设等方式,实现其经济的可持续发展。同时,国际社会也应加强合作,及时化解国际债务问题。这些理念也恰恰是"一带一路"所倡导的理念。这样来看,"债务陷阱"的论断就不攻自破了。

击溃"贸易不公论",还贸易畅通阳光透明

在国际舆论中有观点认为,"一带一路"贸易机制存在开放性、透明性和公平性的缺陷。对此,应加强"一带一路"沿线国

家的媒体合作，扩大发展中国家的舆论话语权。"一带一路"建设离不开相关国家，尤其是参与国对其舆论环境和舆论安全的共同维护，应加强与相关国家媒体的交流与合作，积极传播有关"一带一路"建设的新闻信息和正面舆论；着力推动沿线国家共同讲好"丝路故事"，更多呈现"一带一路"建设的进展和成就，提升"一带一路"建设的吸引力和认同度；要推动沿线国家向全世界客观、真实、准确地传播"一带一路"新闻信息，组织跨境联合采访，建立公共稿库、数据库，实现新闻传播资源的共建共享；要不断扩大媒体"朋友圈"，汇聚更多支持"一带一路"建设的媒体力量。

"一带一路"的建设是"互利共赢""开放包容"的，对此，中外应保持理性认知，可通过国际媒体、研讨会、商务活动、官方会议等各种渠道向世界传达中国的承诺和积极声音，用切实负责任的行动赢得他国的信任，用事实和案例回应各种质疑和担忧。宜坚持"由近及远，以点带面"的原则，让深度参与的受益国主动讲好故事，并通过一些国家的示范效应，为"一带一路"积累更加良好的国际声誉。同时，鼓励中资企业、民间社团、慈善机构、非政府组织等积极参与"一带一路"合作国家当地的社会公益活动。

"一带一路"贸易畅通的未来遐想

后疫情时代，贸易畅通是中国进一步深化与"一带一路"

沿线经济体在各领域合作的实践，基于传统的商品、服务贸易外，推进数字"一带一路"建设已经成为重要抓手，未来"数字丝路"将继续引领国际贸易畅通的新格局。

随着大数据、云计算、人工智能、区块链等新型数字技术的迅猛发展，数字技术对国际贸易、国际投资以及全球生产布局产生了颠覆性影响。根据2022年服贸会上发布的《数字贸易发展与合作报告2022》，2021年，全球跨境数字服务贸易规模已超过3.8万亿美元,同比增长14.3%，占服务贸易的比重高达63.6%。其中，中国数字服务进出口总值达3596.9亿美元，同比增长22.3%，占服务进出口比重达43.2%。数字贸易发展迅速，已经成为这个时代特有的脚注。中国正在建立"数字丝绸之路"合作机制和"丝路电商"双边合作机制。未来，数字贸易将成为化解"一带一路"沿线经济体产能不足、积累新型国际竞争优势、实现跨越式发展的关键。

"数字丝路"为"一带一路"建设插上新的"翅膀"

"数字丝路"建设不仅有助于促进跨境电商、数字贸易、互联网金融等数字经济服务领域的发展，而且能在更多元化的市场、更广阔的场景和更日新月异的状态下发展、优化、升级云计算、大数据、物联网、人工智能、区块链、量子计算等先进技术；不仅有助于利用跨境电商平台推动双边乃至多边的货物贸易发展，也有助于技术、金融、教育、文化、医疗等服务贸易的发展；不仅有助于参与国的企业、产品、人才、资金"走出去"，也有助于利用本国市场推动国外资源的"引进来";不仅可以促进基础设施的国际合作,也有利于国际产能合作。

在"数字丝路"的建设过程中,中国一直秉持共商共建共享理念,以跨境电商和数字贸易作为重要抓手和切入点,既努力推动中国企业连接"一带一路"沿线国家和地区的需求和市场,也通过进博会、广交会、服贸会、消博会等平台打造线上线下相融合、货物贸易与服务贸易齐发展、出口与进口共繁荣的局面,充分利用直播、短视频、在线支付、数字人民币、虚拟现实技术等打造永不落幕的自由贸易平台,为后疫情时代国际贸易的新发展积累了宝贵经验。

"数字丝路"需要沿线各国互联互通机制嵌入

"数字丝路"建设需要数字基础设施的互联互通。当前,"一带一路"沿线国家和地区的数字基础设施建设普遍比较落后,部分发展中国家与全球形成"数字隔离",变成全球数字化中的"数字孤岛","数字鸿沟"正在成为制约各国当前经济、贸易与金融发展的突出问题。中国作为"一带一路"的倡导者和推动者,一直致力于推动"一带一路"数字基础设施建设的发展,为打造高效、创新的"数字丝路"贡献中国力量。

"数字丝路"的发展既需要创新的技术与基础设施,也需要完善的顶层设计和制度保障。在20世纪,世界贸易组织是全球自由贸易的基石,为国际贸易与世界经济的蓬勃发展做出了不可磨灭的贡献。进入21世纪以来,世贸组织未能就增加跨境数据传输、隐私保护、数字服务市场准入等成功达成协议。面对新的国际形势，中国应积极参与起草、制定数字贸易国际规则与标准，利用区块链等数字技术，改善数字贸易商务环境，向全球消费者提供公平、透明、安全、快捷和低成本的在线争议解决方案，提升消费者在线交易的信心和对数字市场的信任。同时，应深化数字贸易领域国际合作，加快对接数字贸易高标准规则议题谈判的步伐，逐步完善数据跨境自由流动、市场准入、隐私保护、消费者权益维护、知识产权保护、争端解决机制等制度框架。2017年,中国与泰国、沙特阿拉伯、老挝、塞尔维亚等"一带一路"沿线经济体共同发起《"一带一路"数字经济国际合作倡议》，中国将与沿线经济体扩大在互联网接入、产业升级与转型、电子商务、中小微企业、国际标准等领域的合作。2020年3月,哈萨克斯坦对"数字哈萨克斯坦"国家规划进行调整，聚焦于开发金融科技、建设信息通信基础设施等。2020年6月，越南政府批准《2025年国家数字化转型计划及2030年发展方向》,提出要发展数字政府、数字经济和数字社会，着力培育具有全球竞争力的数字企业。2020年9月,埃及出台"数字埃及建设者"计划,通过与国际知名大学和ICT企业合作,为实现埃及的数字化愿景提供人才支撑。2021年3月,沙特阿拉伯成立数字政府管理局(DGA),该机构将着力构建包括平台、网站和服务在内的电子政务网络,加速推动沙特阿拉伯成为领先的数字国家。这些制度的融合和嵌入都需要进一步研究和探讨。

"数字丝路"开辟多元化国际治理格局

"数字丝路"沿线国家数字国情的差异,使得各国核心关注不同,利益分歧弥合难度大。一方面,数字产业起步早、数字经济发展领先的沿线国家,其企业国际竞争力较强,比较关注扩大市场准入、减少贸易壁垒等方面议题;另一方面,数字基础较为薄弱的沿线国家,其安全监管能力弱,贸易和发展权益受到冲击,因此多关注中小微企业保护和贸易便利化等议题。这就需要通过协商,以项目合作为抓手,推动"数字丝路"国际治理新格局的形成。

第五章

"一带一路"设施联通

Belt
and
Road
Initiative

"一带一路"基础设施建设整体进展

基础设施具有显著的正外部性，可以有效推动经济增长和社会进步。据世界银行报告《"一带一路"经济学：交通走廊的机遇与风险》表示，基础设施的不足阻碍了"一带一路"沿线经济体的贸易和外资投资，"一带一路"走廊沿线经济体的贸易量低于其潜力30%，外国直接投资低于其潜力70%。更多的基础设施建设可以帮助缓解这些问题，这简明地阐释了"一带一路"设施联通的重要性。

十年来，中国在基建领域的地位不断夯实。这不仅体现在基建质量、基建市场份额、建设速度等方面，还体现在中国基建工作者的刻苦拼搏。中国建造的卢塞尔体育场在全球体育盛事"2022年卡塔尔世界杯"中被用作决赛场地，形象地彰显了中国建造的质量和国际声誉。"2.5小时拆桥，9个小时改造一座车站"的经典案例形象地说明了中国基建的极致速度。全球300米以上超高型建筑中，有70%的订单流向了中国基建企业，彰显中国在全球基建市场，尤其是高技术含量基建市场的超高市场份额。在基础设施建设过程中，中国工人的微信步数里程常常突破10公里，甚至中国工人不惜冒生命危险在较短时间内帮助乌兹别克斯坦打通了中亚第一条铁路隧道，使原需数天甚至绕道别国的路程缩短到900秒。"一带一路"的设施联通最终是基于每一位劳动人民一步一步的努力，基建成就背后是一个个愚公子孙。

十年来,"一带一路"设施联通的进程中已有约13个代表性基础设施被巴基斯坦、斯里兰卡、泰国、老挝、阿尔及利亚、马拉维、苏丹、刚果(金)、卡塔尔、科威特、塔吉克斯坦等11国通过印在其国家纸币上的方式记录了下来,这展示着中国与世界各国的硬核"联名",凸显"一带一路"含金量。这些基建项目包括港口、大桥、发电站,也包括议会大厦、体育场、图书馆等,是"中国建造"的亮丽名片,也是中国同发展中国家合作的"金字招牌"。发行货币是一个国家经济主权的体现,具有极其重大意义。货币图案设计,一般都是选择本国伟大历史人物、地理名胜、标志性建筑等为构图主要元素,以彰显一个国家鲜明的历史、文化、地理特征。上述13个"中国建造"图案被印在11个国家纸币上,说明这些项目已成为当地标志性建筑,有着重要影响。

中国在"一带一路"沿线国家和地区的对外承包工程项目稳步发展。2013年至2021年,中国在"一带一路"沿线国家承包工程新签合同额由719.4亿美元增至1340.4亿美元,完成营业额由640.5亿美元增至896.8亿美元。根据美国《工程新闻纪录》杂志(ENR)国际承包商250强榜单,中国上榜企业从2012年的55家发展到2021年的79家,总营业额规模占比从13.1%增长至28.4%。

"一带一路"设施联通这十年,为很多国家和地区建起了第一条公路、高速公路、铁路和高速铁路。比如,在马尔代夫架起第一座跨海大桥,在牙买加、黑山、乌干达等国建起了第一条高速公路，等等。很多沿线发展中国家和地区经济比较依赖第一产业农业，如果没有这些交通设施，很多农产品由于无法快速流转而无法转化为经济收益，而"一带一路"设施联通十年来建成的无数个当地首条道路有效缓解了这一问题。

中欧班列迎来十年大发展。截至2022年，中欧班列已形成了82条运行线路，通达欧洲24个国家204座城市，运输服务网络覆盖欧洲全境，形成了新时代亚欧陆路运输的重要通道。十年来，中欧班列形成了"三大通道、四大口岸、五大方向"的基本体系："三大通道"为经新疆出境的西通道和经内蒙古出境的中通道、东通道；"四大口岸"为满洲里、阿拉山口、霍尔果斯、二连浩特；"五大方向"指中欧班列联通了中国与欧盟、俄罗斯、中亚、中东、东南亚五大地区和国家。2011年3月，首趟中欧班列"渝新欧"开通；2013年，中国提出"一带一路"倡议，中欧班列从地方项目上升为国家项目后，2013年到2021年中欧班列开行次数增长约200倍，从80列增至15183列。截至2022年，中欧班列累计开行突破5万列，其运行品质也不断提升。中欧班列回程去程比从2013年的0增长到2021年的81.5%，去回程不平衡的问题持续得到改善。中欧班列逐步成为畅通中欧贸易的"稳定器"和"加速器"。

十年来，中欧班列获得了多国各方好评。捷克社会科学院全球化研究中心主任赫鲁贝克认为："中欧班列提升了陆路运输在欧亚大陆物流线路中的重要性，还促进了欧洲跨境电商等新贸易方式的发展。"阿鲁尔集团下属的萨雷阿尔卡汽车工业公司总经理谢梅巴耶夫表示:"疫情期间,中欧班列的正常运行确保了汽车零部件的正常供应和生产基地的正常运作,避免了相关停工和失业风险。"匈牙利艾可物流公司总裁科瓦奇·阿科什表示:"通过中欧班列,跨境电商每公斤货物的运输成本约为空运的1/5,运时约为海运的1/3。"波兰阿格罗斯托普公司总裁兹季斯瓦夫·安德罗休克表示:"我能感受到中欧班列给物流和贸易行业带来的巨大变化,随着中欧班列运输的集装箱不断增多,我们也获得了发展机会。"

"一带一路"多维剖析基建项目案例

"一带一路"设施联通已发展成为践行ESG理念的重要抓手。十年来,"一带一路"基建项目不仅促进了当地经贸发展,而且项目承包企业在推动"一带一路"设施联通的过程中,还积极承担了环境保护职责(E),践行了保障当地民生的国际社会责任(S),以及形成了全球治理导向的公司治理结构(G)。联合国环境规划署代理执行主任乔伊丝·姆苏亚曾表示,中国"一带一路"倡议下的大型基础设施建设及能源项目有潜力使受惠国走上更加可持续的发展道路。

一是承担环境保护职责。具体项目来看:科伦坡港口城项目实现了"零事故、零污染、零伤害";喀喇昆仑公路项目承建方编制、制定并落实了《KKH项目文明施工与环境保护制度》;中国政府援建的新型环保绿色工程——埃塞俄比亚亚的斯亚贝巴河岸绿色发展项目夯实了中埃两国绿色发展的共识。

二是勇担国际社会责任。中国企业积极承担维护当地民生的国际社会责任，具体项目来看：蒙内铁路、科伦坡港口城、喀喇昆仑公路等项目在建设期间，以及建成运营期间，为当地带来成百上千甚至数十万份就业，实现了较高的雇员本土化率，同时，中国承建企业还积极为属地员工提供培训，帮助改善当地人力资本水平；科伦坡港口城项目的中国承建企业主动推出共计5.5亿卢比的"渔民生计改善计划"，很多项目的承建方都用实际行动提升了当地教育、医疗、卫生等基本公共服务水平。

三是发挥全球治理功能。中国国际承包商多具有央企、国企背景，其公司治理已将国家战略纳入考量，以企业品牌塑造了国家形象，以公司治理助推全球治理。比如，"一带一路"大量基建项目以中外两国国家命名，被项目所在国总统、当地专家高度赞誉和肯定，也曾获得ENR全球最佳项目奖，不仅打造了中国企业品牌，更是塑造了良好国家形象；再比如，"一带一路"基建通过三方合作整合国际资源，主导全球合作，以及提升当地供应商参与度，促进当地社区和业态的繁荣，将全球治理付诸于具体行动。

中马友谊大桥

2014年9月，习近平主席访问马尔代夫期间与马尔代夫总统亚明共同商定，由中国援建一座连接首都马累和机场岛之间的跨海大桥，并且亚明总统主动提议将这座桥命名为"中马友谊大桥"。2018年，中马友谊大桥正式通车，这是马尔代夫及印度洋上首座跨海大桥，也是全世界首座建在珊瑚礁上的跨海大桥，被当地居民称为"马尔代夫的世纪工程"。在此之前，很多马尔代夫民众并未见过桥，各岛屿间的主要交通方式是轮渡，马尔代夫的经济活力受到严重抑制；同时，当地居民通勤，学生参加考试，以及老人去医院等都只能乘船，乘船时总会感到提心吊胆，尤其担心遭遇恶劣天气，中马友谊大桥很大程度上帮助当地解决了这项民生问题。大桥在建设过程中就受到很多人关注，每天都有很多民众通过专门修建的配备望远镜的观景平台观看大桥建设进展。大桥建成后也是万人空巷，到处都是争相观看大桥通车盛典的马尔代夫民众。

该桥建设过程中需要解决地质条件等相关的一系列技术难题，以及工期短、环保要求高等现实问题。施工人员克服了种种不利因素，最终开创了该特定地质条件下特大型桥梁建设的先河，起到了示范作用。马尔代夫前建设部部长曾表示："在其他国家表示不可能时，是中国建桥团队最终让我们的梦想变成了现实。"在大桥通车仪式上，马尔代夫时任总统亚明非常感谢中国帮助马尔代夫人民实现了拥有跨海大桥的百年夙愿。中马友谊大桥不仅连接起了马尔代夫的两座岛，更将两国人民共同走向繁荣的美好心愿紧紧地联系在了一起。

肯尼亚新基建

中国是肯尼亚最大贸易伙伴、项目融资方和基建工程承包方。在中非合作论坛、"一带一路"倡议的支持下，肯尼亚实现了蒙内铁路、内马铁路、内罗毕快速路、拉穆深海港、锡卡高速公路等重大项目的建设。

蒙内铁路连接东非第一大港口蒙巴萨和肯尼亚首都内罗毕，是肯尼亚独立以来最大的基础设施建设项目，全长约480公里。项目建设期间，为肯尼亚创造了4万多个工作岗位，推动该国GDP增长约1.5%。2017年5月31日，蒙内铁路建成通车仪式上，肯尼亚时任总统乔莫·肯雅塔表示，"肯尼亚人民有了新的铁路，我们将掀开新的一页，书写未来100年肯尼亚的历史"。根据2022年数据，蒙内铁路日均开行17列货车、6列客车；截至2021年年底，累计客运发送约680万人次，累计货运发送约157万标准集装箱。

肯尼亚曾经是海上丝绸之路的终点，而2019年肯尼亚时任总统曾表示，愿以基建助"一带一路"向非洲中西部延伸。具体项目来看，内马铁路一期工程就是蒙内铁路向肯尼亚西北部的延伸，由中国企业承建，于2019年10月正式建成通车。内马铁路的通车实现了与蒙内铁路的联动和延伸，连通了东非第一大港蒙巴萨与乌干达、南苏丹、卢旺达等内陆国家，大大降低了运输成本。

随着中非高质量共建"一带一路"不断深入，中国为非洲修建的铁路、公路等一大批项目也不断落地。2022年7月，东非地区第一条收费快速路——内罗毕快速路正式投入运营。这条由中国企业承建的东非第一条收费快速路全长27公里，连接了乔莫·肯雅塔国际机场、内罗毕中央商务区、肯尼亚总统府等区域，通车后将极大缓解城市中心的交通拥堵，提升城市运行效率。同时，内罗毕快速路也是一项促进当地人就业的民生工程，快速路在建设期就创造了3000个就业岗位，200家分包商和数百家当地建筑材料供应商受益，并且在运营期还将创造500个就业岗位。

吉布提多哈雷港

吉布提地处非洲之角，是亚非欧市场的重要连结点和"21世纪海上丝绸之路"的重要节点。2017年，由中国招商局集团参与投资和运营的吉布提多哈雷多功能港口正式开港运营，该港口为东北非地区由中资企业投资建设的最大港口，包含6个10万吨级的泊位，年设计货物吞吐能力为708万吨，集装箱吞吐能力为20万标准箱。多哈雷港投入运营后，吉布提港散杂货吞吐能力增加了一倍。

当地施工条件非常有限，中国需要自己先建造海水淡化厂和发电机组。该项目施工过程还面临着超高温、高海盐、高腐蚀的工程环境。北京西南交大工程技术研究院针对这些特殊工程环境，开发了系列产品，产品在该项目的使用量约为300吨，占总体使用量的80%，为吉布提多哈雷多功能港口带来良好的技术和经济效益。

吉布提多哈雷多功能港首席执行官瓦哈比·达哈·亚丁表示，新港口较老港口得到了明显提升，用户也感受到运输成本和风险都显著降低。多哈雷多功能港为非洲内陆国家提供了重要的出海口，港口建设将促进经贸繁荣，给吉布提带来绝佳的发展机会。据世界银行发布的2020年全球集装箱港口绩效指数研究报告，吉布提港位列非洲第一。

斯里兰卡科伦坡港口城

2013年，习近平主席相继提出了人类命运共同体理念和"一带一路"倡议，得到了斯里兰卡等沿线国家的积极响应。同年，中国承包商看准"一带一路"倡议与斯里兰卡国家发展战略的契合点，主动对接斯里兰卡政府，重拾斯方早在2004年就萌生出的建设港口城的构想。仍是同年，中国承包商100%控股的科伦坡港口城项目公司与斯里兰卡投资局正式签订项目投资协议。科伦坡港口城是斯里兰卡政府近年来唯一特批的超大型战略发展项目，被视为斯里兰卡未来经济发展的引擎。而且，斯里兰卡素有"亚洲好望角""东方海上十字路口"之称，是"21世纪海上丝绸之路"的关键节点国家。这意味着，科伦坡港口城项目将很大程度惠及斯里兰卡及其周边区域民众，符合人类命运共同体精神。

根据普华永道的评估，科伦坡港口城项目会为斯里兰卡吸引87亿美元的建筑业外国直接投资，可为GDP创造超过90亿美元经济附加值，以及每年为国际收支带来53亿美元服务出口收入，持续为当地创造超过34万个就业岗位。同时，在科伦坡港口城项目推进过程中，中国承包商始终坚持绿色基建的理念，港口城项目实现了"零事故、零污染、零伤害"。

在科伦坡港口城项目推进过程中，中国承包商坚持共商共建的理念，真正保障了当地的利益。中国承包商坚持属地化策略，项目公共关系总监等重要职位均由属地员工担任，让当地各界充分感受到，港口城是斯里兰卡人民参与建设的事关自己国家未来发展的战略项目。

同时，对于项目周边的潜在利益相关方，中国承包商也通过积极沟通、利益分享补偿等方式，化阻力为动力，构建了更大范围的利益共同体。比如，为了彻底消除渔民的潜在疑虑，中国承包商主动与斯里兰卡政府合作，推出"渔民生计改善计划"，涉及教育、医疗、卫生条件等方面的改善，直接受益渔民超过1万人。对于当地建筑从业者担心中国企业可能挤压当地企业生存空间，项目公司持续提升属地化程度，有意识地培养、吸纳当地建筑企业参与项目建设，先后为当地1500余家供应商提供了专业培训，建设期累计为当地创造就业岗位超过8000个。

科伦坡港口城项目将各方民众视为一个整体，充分考虑并照顾了各方的利益诉求，当地利益相关方对项目的态度也从最初的反对质疑，到后来的基本接受，再到最终的高度认可。斯里兰卡时任总理拉尼尔·维克拉马辛哈曾表示："港口城项目的实施是各方获益的好机会。"

巴基斯坦喀喇昆仑公路

因修建难度之大，喀喇昆仑公路被称为"世界第八大奇迹"。2016年，为加快"中巴经济走廊"建设，中国企业承建了喀喇昆仑公路二期项目，二期工程已于2020年7月全线通车。2022年巴基斯坦洪灾导致喀喇昆仑公路部分路段被泥石流冲毁，中方企业迅速反应，经过8天的清理落石、开挖山体等作业，于2022年9月13日抢通受损路段。

喀喇昆仑公路项目的建成通车，推动巴基斯坦经济发展，进一步促进中巴经贸合作。同时，对加强巴基斯坦与邻国及中亚国家的贸易联系、改善巴基斯坦的投资环境发挥重要作用。

在喀喇昆仑公路建设过程中，中国承建方还以基础设施建设为契机促进心联通，积极抢险救灾，并帮助当地改善医疗、教育等民生水平。当地发生洪灾、滑坡、雪崩等突发情况时，承建方在第一时间进行抢险救灾，充当当地的应急救援队；承建方还定期开放医务室免费为巴基斯坦村民看病，并向当地居民捐赠生活、学习等相关用品及资金。

埃塞俄比亚河岸绿色发展项目

援埃塞俄比亚亚的斯亚贝巴河岸绿色发展项目是中埃共建"一带一路"重点项目和两国建交50周年献礼项目，是一项由中国政府援建的新型环保绿色工程。该项目通过保护生态环境、推进技术转移、凝聚绿色发展共识、播撒可持续发展希望等4个方面，传递了与自然共生理念、保护环境的生动故事，将可持续发展的希望播撒在广袤的埃塞大地上，赢得了埃塞人民的认同，形成了中埃两国绿色发展的共识。埃塞俄比亚总理表示，该项目会极大改善首都亚的斯亚贝巴的居住环境，吸引更多的国内外游客和投资者。这对于提升埃塞国家形象、促进经济社会发展意义重大。

中国企业承建的援埃塞俄比亚河岸绿色发展项目还荣获美国《工程新闻纪录》杂志（ENR）2021年度全球环境类最佳项目奖。ENR全球最佳项目奖的评选不仅注重项目的安全性能、创新、挑战和设计施工质量，还特别强调项目全球团队的多样性及他们之间的合作，同时考虑项目对当地社区及建筑行业的影响。此奖项表明，中国企业承建的援埃项目不仅为当地带来经济利益，也充分考虑到了全球多边合作，以及照顾到了当地社区和产业的健康发展，切实将各地居民命运视为一个共同体。

老挝中老铁路

全长1035公里的中老铁路于2021年12月3日正式通车，这是第一个以中方为主投资建设、共同运营，并与中国铁路网直接连通的境外铁路项目，全线采用中国技术标准、使用中国设备。

老挝大部分国土面积都为山地和高原，作为东盟国家中唯一内陆国，老挝一直被视为"陆锁国"。中老铁路建成前，老挝仅有一段长约3.5公里的铁路连接泰国，交通瓶颈成为制约老挝经济发展的一大因素。实际上，在中老铁路开通前，很多老挝民众只在电视和互联网上看到过，现实中没见过铁路，更没有坐过火车。为应对沿途复杂地形，设计人员耗时5个多月进行勘察和研究，曾出台60多个方案，研究线路总长约1.4万公里，最终确定出一个合理的线路总体方案，成功绕避各类自然保护区和环境敏感点。

根据世界银行发布的报告，长期而言，中老铁路将会使老挝的总收入大幅提升，并有助于吸引投资，万象至昆明之间的运输成本会大幅下降。2022年1月，《区域全面经济伙伴关系协定》(RCEP)正式生效，中老铁路与RCEP的"相遇"，将叠加产生更大的促进作用。同时，"中老铁路+中欧班列""中老铁路+西部陆海新通道班列"等铁路国际运输新模式增强了中老铁路辐射效应和跨境货运能力，让更多企业享受中老铁路带来的机遇和红利。

由老挝歌手阿提萨创作的歌曲《腾飞于老中铁路》，唱出了老挝人民对中老铁路通车以及国家实现发展的期待和向往。甚至，泰国国家行政学院（NIDA）政治系教授派汕表示，中老铁路开通运营，引起泰国社会对高速铁路的讨论和关注，并表示应加快中泰铁路建设。

印度尼西亚雅万高速铁路

雅万高铁是东南亚第一条时速350公里的高速铁路，全长142公里，连接了印尼首都雅加达和西爪哇名城万隆，是"一带一路"倡议和中印尼两国务实合作的标志性项目，使两地间的出行时间由3个多小时缩短至40分钟。2022年11月，雅万高铁试验运行圆满成功。

雅万高铁是中国高铁首次全系统、全要素、全产业链在海外建设项目，其设计标准、施工装备、动车组生产，全部采用中国标准，代表了目前世界高铁建设的领先水平。雅万高铁列车依托"复兴号"中国标准动车组先进成熟技术，适应印尼当地运行环境和线路条件，融合印尼本土文化，进行适应性改进，具有技术先进、安全智能、环境适应力强、本土特色鲜明等特点，充分满足雅万高铁的运营需求。

印尼当地工人塔利亚表示，他在雅万高铁项目中工作所获得的工资是原来的3倍，并希望继续参加铁路相关培训，争取铁路开通后继续留下来工作。同时，雅万高铁项目坚持属地化发展，全线75%以上的服务和采购来自当地。

"一带一路"基础设施建设的挑战

西方基建计划试图挑战"一带一路"设施联通

西方的系列基建计划意在针对"一带一路"基建，但由于中国更加强调长期主义，基于"一带一路"的基础设施建设将更具可持续性。

特朗普于2019年提出"蓝点网络"计划，推行所谓的"高质量的基础设施建设"。拜登政府重新整合"重建更美好世界"计划、"全球门户"计划和日本5年投资援助计划，于2022年推行"全球基础设施和投资伙伴关系"倡议。

但事实上，西方国家评估项目时缺乏长期主义，这些计划虚多实少。芝加哥大学中国研究小组成员卡里·托克教授在其著作《"一带一路"为什么能成功:"一带一路"倡议的九大支柱》中,通过研究"一带一路"倡议得出一个重要结论,即耐心是中国的文化特质。诺贝尔经济学奖得主尤金·法玛认为,西方国家评估项目效益的方式是一种缺乏耐心的方式。西方国家会忌惮施工难度而放弃项目,但中国则坚持长期主义,能够克服短期客观困难,使得不少基建项目得以顺利面世,释放当地经贸发展的长期潜力。

"一带一路"基建遭受"产能倾销""债务陷阱"污蔑

关于对"一带一路"基建"产能倾销"的污蔑,事实上,中国自身的人均基建水平都还存在比较大的提升空间,新基建则更是如此,中国自身的基建远远没有达到过剩的水平,自然谈不上倾销。关于债务问题的质疑,作为成功跻身世界第二大经济体的最大发展中国家,中国的历史发展经验可以很好地反驳这一质疑。改革开放早期,中国大举国际金融机构债务,但中国经济腾飞后并没有发生债务危机,这说明基建的正外部性远远足以覆盖债务负担问题。习近平主席指出:"丝绸之路首先得要有路,有路才能人畅其行、物畅其流。"中国人常讲"要致富,先修路;要快富,修高速;要闪富,通网路"。中国的高铁发展花费了每公里2亿元的投入,中国高铁运营里程位居世界第一,但债务并未到天花板,反而助推中国经济实现快速发展和国内经济一体化。中国的成功经验客观反驳了对"一带一路"

基建债务问题的质疑。

很多针对具体基建项目的质疑并不是来自项目相关方，而是来自未参与和不充分了解具体基建项目的其他国家，仅仅是主观的妄加评判。事实上，当地人的评价才是最真切的评价。"一带一路"基建项目被印入多国纸币，这充分表明了当地人对基建项目的认可。

"一带一路"基建需要更加充足的资金

据亚洲开发银行估算，在剔除中国的亚太地区，2016年至2020年间每年基础设施投资的资金供给为1960亿美元，而每年资金缺口为5030亿美元，资金缺口是资金供给的2倍多。非洲地区基础设施建设投资同样存在较大的资金缺口。非洲发展银行在疫情暴发前的测算表明，非洲每年基础设施投资的资金需求为1300至1700亿美元，但其中约一半以上无法得到满足，每年资金缺口为680至1080亿美元。资金缺口成为限制"一带一路"设施联通高速发展的重要因素。

"一带一路"基建在技术方面尚存提升空间

新基建领域存在一定的技术供给问题。新基建对科技水平的要求较高，中国在高科技产品制造、高科技出口、人工智能深度学习专利出版物数量、语音技术、5G等方面都处于世界领先地位，但在芯片等领域的技术水平仍不足。2022年，美国签署《芯片与科学法案》，如果各国芯片企业接受该法案提供的补助，则10年内将被禁止在中国大幅增产比28nm更先进的芯片。这导致中国芯片领域及"一带一路"新基建的发展面临一定的压力。要想从根本上缓解新基建存在的部分技术短板问题，"一带一路"国家及中国要加大基础研究投入，为高质量建设"一带一路"新基建提供自主可控的底层技术支撑体系。

"一带一路"设施联通的未来展望

逐步从传统基建向构建现代化基建体系演进

目前的"一带一路"设施联通中，相当多一部分耳熟能详的基建项目是交通基建，因为对于大部分发展中国家来说，目前更加迫切的任务是要补足交通基建短板，修建"致富路"。中国正在加速构建现代化基础设施体系，未来的"一带一路"设施联通，也同样将朝着更加现代化的方向演进，帮助"一带一路"国家实现从基建弱国到基建大国、基建强国的演变。这意味着未来的"一带一路"设施联通将具有更加丰富的内涵，包含更多领域的基础设施，不仅是以传统基础设施为落脚点，不仅是以修路致富为目的，还将涉及到环境基础设施、数字基础设施、医疗卫生基础设施、文化教育基础设施等更多领域的互联互通，从而缩小"一带一路"国家的数字鸿沟、医疗卫生鸿沟、教育鸿沟等。

当然，未来"一带一路"更加现代化的设施联通也还将会有赖于传统基建的充分发展。比如，完备的传统电力基础设施是数字基础设施建设的前提保障；完备的传统交通基础设施也会有助于更好地串联起医院、学校、博物馆等其他领域的基础设施，也会增强垃圾废物转运的速度，提高环境基础设施的运行效率。

持续助力构建人类命运共同体

"一带一路"倡议通过设施联通，将沿线民众乃至整体人类的命运紧紧联系在一起，具体表现为：通过设施联通畅通防疫等卫生合作；基于绿色建设理念维护沿线民众赖以生存的生态环境；通过基础设施建设持续助力消除贫困；同时强调均衡适度地推进基础设施建设。

通过设施联通畅通防疫等卫生合作。相较于发达国家，"一带一路"沿线国家的公共卫生基础设施大多比较落后，受疫情影响相对更加明显。疫情防控不力会导致基础设施建设所需的原材料及技术工人流动受阻，且防疫相关的财政支出会挤占基础设施建设的财政预算；同时，基础设施建设落后又反过来影响防疫物资和医务人员的流动。为防止"一带一路"沿线国家的疫情防控与基础设施建设相互牵制而进入恶性循环，短期来看，"一带一路"交通基础设施需加大力度保障防疫物资及医务人员的流动。同时，更长远的有效方式是加大力度优先支持"一带一路"沿线国家公共卫生基础设施建设，比如生物实验室建设、医药及医用设备厂房建设、医疗卫生设施升级改造等。

基于绿色建设理念维护沿线生态环境。在已签署共建"一带一路"合作文件的百余个国家中，超过一半的国家已经把碳中和纳入了目标计划。基础设施建设不能片面追求当地及沿线地区的经济利益,而以破坏当地环境为代价。如果各地区连民众赖以生存的生态环境都出现分化，那么他们的命运也很难趋同，地区互联互通、人类命运与共也就无从谈起。从长远的角度来看，人类同住在一个地球村，局部地区项目的碳排放和生态破坏也终将对其他地区民众的生存环境造成影响。能源基础设施是绿色基础设施建设的重点之一，需着重发展水电站和风电等可再生能源领域的基础设施。同时也需要注意到，与发达经济体的发展阶段不同，"一带一路"沿线多数发展中国家还处在碳排放增加的经济发展阶段，相关基础设施建设应注意平衡经济发展需要和环境保护要求之间的关系。

通过基础设施建设持续助力消除贫困。据世界银行研究表明，整体来看，"一带一路"交通项目能够降低贸易成本、扩大贸易，从而减少贫困。理想情况下，受益于"一带一路"交通基础设施建设，走廊沿线国家的贸易运输时间最高可缩短12%，贸易量增幅可达2.8%至9.7%，实际收入可增长1.2%；同样受益于"一带一路"交通基础设施建设的非"一带一路"地区的贸易运输时间也会缩短约3%，世界范围的贸易量增幅可达1.7%至6.2%，非"一带一路"国家的实际收入可增长0.3%，有望减少极端贫困人口760万和中度贫穷人口3200万。

可以看出，"一带一路"交通基础设施较强的正外部性，使得非"一带一路"国家能够从贸易成本的降低中受益。但基础设施建设成本却只由"一带一路"国家承担,这导致部分国家新建基础设施的成本可能会高于其贸易等方面的收益,基础设施建设助力脱贫这一路径的可持续性受到威胁。针对这一问题,一方面,需加强管控基础设施建设项目相关的财政风险;另一方面,需加强"一带一路"沿线周边区域的一体化建设,形成成本分摊、收益共享的局面,帮助缓解部分国家基础设施建设整体收益不佳的问题。同时,对于国际承包商,其在海外项目中需积极承担当地减贫责任,大量雇佣和培养当地劳动力,加强与当地企业合作,避免对当地产能的挤压,让利当地,充分考虑到当地各相关方的利益。

均衡推进基础设施建设。"一带一路"沿线的基础设施建设需分地区和分领域均衡推进,优先在最缺乏基础设施的国家和地区建设最急需、效用最大的细分设施。有研究表明,基础设施建设落后于经济发展需要的国家主要分布于非洲、南亚和西亚地区,且这些地区通常缺乏基础设施建设所需的人才、资金及技术等要素。正如一国GDP不应过度大于或小于潜在GDP一样,一国基础设施建设也应与经济发展情况相匹配,不应过度超前建设或滞后建设。因此,需着重在这些基础设施建设滞后的地区推动设施联通,同时避免投资于基础设施建设过剩的地区。从基础设施细分领域来看,交通部门和电力部门的基础设施建设,可以同时降低供给端的运输生产成本和需求端的出行生活成本,对经济增长的拉动作用相对更大。因此,可以继续围绕这些领域,在"一带一路"沿线国家加强开展城际高速铁路、特高压输电设施和5G网络设施等新型基础设施建设。

未来，利他主义援助性基建会更多

未来，先发展起来的"一带一路"国家将越来越多地通过援助援建的方式，共同推动"一带一路"设施联通。

人类命运共同体的构建需要"一带一路"设施联通作为硬件保障。人类命运共同体理念蕴含利他思想，这种思想的具体实践包括：先发展的国家自发援建水利、电力、交通等基础设施，帮助落后地区民众喝上干净的水、用上安全的电、乘上现代交通工具。

关于未来的援助援建，西方国家的作用将会降低，而"一带一路"国家的作用将会提升。一方面，后疫情时代，美国等传统援助国的援助资金侧重于疫情应对和军事援助，这类援助更多体现出了对现实主义和政治化的短期考量，而非基于促进可持续发展的长期动机；另一方面，很多"一带一路"国家正在经历从受援国到援助国的身份转换，沙特阿拉伯、中国等已跻身全球十大援助国行列，已超过大多数经济合作与发展组织发展援助委员会（OECD-DAC）成员国。此外，蒙古国、印度尼西亚、泰国、尼日利亚、塔吉克斯坦、埃及等越来越多的中等收入国家开始对外提供援助。

推动构建人类命运共同体已实现从"一方领唱"到"众声合唱"的多重跨越。越来越多的发展中国家逐步开始对外提供援助，这意味着针对"一带一路"沿线的基础设施援助援建，同样将从"一方领唱"逐步演变为"一带一路"多国间的"众声合唱"，合力推动"一带一路"设施联通。

第六章

"一带一路"
资金融通

Belt
and
Road
Initiative

有效投资助力建设明星项目

2013年，习近平主席在哈萨克斯坦纳扎尔巴耶夫大学发表题为《弘扬人民友谊 共创美好未来》的演讲，其中首先提出，共建"丝绸之路经济带"的国家之间要"加强货币流通"；2015年发布的《推动共建丝绸之路经济带和21世纪海上丝绸之路的愿景与行动》中进一步提出，资金融通主要包括对沿线国家提供资金支持、增加国家间本币流通使用、共建金融规则制度等方面。根据《"一带一路"融资指导原则》，资金融通旨在使用丰富的金融资源服务于"一带一路"沿线国家和地区的实体经济发展。

向有实际资金需求的"一带一路"共建国家，特别是沿线发展中国家提供有效的资金供给，尽量帮助其不让资金匮乏成为发展制约因素，是这十年"一带一路"资金融通的重中之重。特别是这三年来，世纪疫情加剧了全球发展鸿沟，一些经济发展相对滞后的国家既没有吸引商业投资者的环境条件，也缺乏可供利用的资本积累，如果没有外部助力，将在可预见的未来长期缺乏资金，单靠自身努力很难摆脱"发展陷阱"。这十年，"一带一路"资金融通的资金供给以各国国内大型金融机构为主导、新兴国际金融机构为先锋、传统国际金融机构为重要补充、民营企业与私人部门资金日益增加，其中以国家开发银行与中国进出口银行为代表的中国政策性银行，是这十年"一带一路"资金融通中的主要资金供给方。相关研究表明，"一带一路"资金融通至少从三方面改善了沿线国家的金融活动状况，其一是改善了当地金融活动的流动性；其二是增加了外部资金供给，为当地开工重大项目提供了有力支持；其三是完善了当地金融制度，改善了当地金融效率。综合来看，这十年，"一带一路"资金融通实实在在地为东道国提供了可信赖的重要外部资金助力，完成了包括多个重大民生项目在内的数以千计的项目，并同时一定程度上改善了当地金融环境。

四大投资主体协同发力

这十年，"一带一路"资金融通的四大投资主体分别是：以国家开发银行与中国进出口银行为代表的各国国内大型金融机构，以亚洲基础设施投资银行和丝路基金为代表的新兴国际金融组织，以国际复兴开发银行和亚洲开发银行为代表的传统国际金融机构，以及民营企业与私人部门。截至2021年末，中国对"一带一路"沿线国家直接投资存量约2134.8亿美元，已有22个"一带一路"沿线国家与中国签署了双边本币互换协议，8个"一带一路"沿线国家有人民币清算机制安排，在"一带一路"沿线国家设立企业超过1.1万家，约占中国境外企业总量的1/4；截至2021年6月，共有12家中资银行在47个"一带一路"沿线国家设立了139家分支机构，8家中资保险机构在9个"一带一路"共建国家设有16家机构。综合来看，"一带一路"资金融通所带来的资金支持切实助力了"一带一路"建设发展。

主导性力量——各国国内大型金融机构

以国家开发银行与中国进出口银行为代表的各国国内金融机构是过去十年及当前"一带一路"资金融通的绝对主力，据估计，这十年中国对"一带一路"国家的累计总投资当中，有80%左右金额直接来自于中国政策性银行。在2017年5月召开的"一带一路"国际合作高峰论坛上，习近平主席宣布由国家开发银行提供2500亿元等值人民币专项贷款。其中，1000亿元等值人民币贷款用于基础设施建设，1000亿元贷款用于国际产能合作，500亿元贷款用于金融合作。第二届"一带一路"高峰论坛上，习近平主席再次强调继续发挥共建"一带一路"专项贷款作用。从实际情况来看，国家开发银行与中国进出口银行都在期限内足额或者超额完成了专项贷款中要求的额度。早在2018年末，中国金融机构为"一带一路"建设提供资金超过4400亿美元；截至2021年末，国家开发银行在共建"一带一路"国家投放资金余额逾1600亿美元，支持了包括雅万高铁项目、柬埔寨暹粒新机场等"一带一路"旗舰项目在内的700多个项目；截至2019年末，中国进出口银行"一带一路"贷款余额达1.6万亿元人民币，支持了包括中老铁路项目、巴布亚新几内亚国家海底光缆网络项目、斯里兰卡南部高速公路延长线项目、尼日利亚阿布贾城铁项目等"一带一路"旗舰项目。到2022年末，结合已经公布的数据，中国金融机构为"一带一路"建设提供资金总流量接近10000亿美元，国家开发银行与中国进出口银行与"一带一路"相关贷款总余额在4000亿美元水平。

快速成长的先锋——新兴国际金融机构

亚洲基础设施投资银行（下称"亚投行"）和丝路基金是"一带一路"资金融通中最有代表性的新兴国际金融机构。亚投行是由中国倡议成立、57国共同筹建的多边开发银行，于2015年底正式成立，2016年开始运营，旨在促进亚洲发展中国家的基础设施建设，推动区域互联互通和经济一体化进程。截至2022年中下旬，亚投行成员达105个，累计批准项目191项，直接融资额超357亿美元，累计撬动资本超850亿美元，惠及33个亚洲域内与域外成员，其中有相当部分资金落地"一带一路"沿线国家。丝路基金于2014年正式成立，初始资金规模为400亿美元。2017年，习近平主席在第一届"一带一路"国际合作高峰论坛开幕式上宣布，中国将加大对"一带一路"建设资金支持，向丝路基金新增资金1000亿元人民币。至2022年末，丝路基金已累计签约以股权投资为主的各类项目60个，承诺投资金额超过200亿美元，其中70%投向"一带一路"沿线国家，对"一带一路"共建国家发展产生巨大的拉动效应。除了自身进行投资行动以外，新兴多边金融机构还特别重视与包括传统国际金融组织在内的其他金融机构合作：2018年，丝路基金与欧洲投资基金签署《中欧共同投资基金共同投资协议》，正式设立中欧共同投资基金；2022年丝路基金与印尼投资局签署投资协议框架，携手寻找投资机会，重点支持印尼当地惠民生、促发展的项目。

重要的补充——传统国际金融机构

中国相信，"一带一路"资金融通建设同样离不开各国之间共商、共建、共享，真诚地希望有更多国家、地区的资金参与到"一带一路"的建设浪潮中来；同时中国也特别重视国际开发机构的成熟经验及做法，真诚地希望与其开展合作。2016年，中国人民银行与非洲开发银行、国际金融公司（世界银行集团所属）和泛美开发银行等多边开发机构设立了规模总计70亿美元的联合融资基金，有效推动了中国企业在相关地区开展投资合作；同年，中国加入欧洲复兴开发银行，并参与了其管理的股权参与基金，有效助推"一带一路"建设与欧洲投资计划等其他国家或地区的战略顺利对接。2017年，中国财政部与亚洲开发银行、亚洲基础设施投资银行、欧洲复兴开发银行、欧洲投资银行、新开发银行、世界银行集团6家多边开发机构共同签署《关于加强在"一带一路"倡议下相关领域合作的谅解备忘录》；2019年中国财政部与世界银行、亚投行、亚洲开发银行、欧洲投资银行、欧洲复兴开发银行、泛美开发银行、拉丁美洲开发银行、国际农业发展基金签署《关于共同设立多边开发融资合作中心的备忘录》，成立多边开发融资合作中心（MCDF）及其多边合作赠款基金；此后，非洲开发银行、新开发银行、伊斯兰开发银行先后加入MCDF，参与MCDF的国际金融机构达到11家，成为"一带一路"多边金融合作的又一个重要成果。

成长中的民营企业与私人部门资金

各国民营企业及私人部门资金对"一带一路"参与兴趣及程度稳步提高，以中国为例，根据2022年9月全国工商联发布的《2022中国民营企业500强调研分析报告》，有195家500强民营企业参与了"一带一路"共建。从2015年至2019年,中国民营企业500强参与"一带一路"建设的企业数量分别为183家、210家、181家、179家及191家,基本保持稳定增长。据统计,截至2021年底,中国企业在共建国家建设境外经贸合作园区累计投资430.8亿美元,中白工业园、柬埔寨西哈努克港经济特区、中埃(及)泰达苏伊士经贸合作区等产业园生根发芽。这些工业园区建设的资金有很大一部分都是来自于民营企业的私人部门资金,如中国华立集团与泰国安美德集团共同开发的泰中罗勇工业园,中国企业投资额已经超过43亿美元,占中国对泰国制造业投资额比例超过40%。

资金合作形式灵活多样

根据东道国实际需求与具体情况,在参与方行为都合法合规的前提下,"一带一路"资金融通有非常灵活的资金供应方式。这十年,中资金融机构,特别是以国家开发银行与中国进出口银行为代表的中国政策性银行为"一带一路"相关东道国政府及项目建设企业提供了金额大、期限及利率与项目匹配的融资(绝大部分是项目融资),也占据这十年资金融通上的主要资金供应形式,这是"一带一路"发展阶段及参与各国当前的实际情况所决定的。在资金融通合作过程中,中国根据东道国的需求提供开放、灵活、可协商融资合作方式,当前比较有代表性的方式有三种,即中资金融机构对当地政府提供融资、中国金融机构对中国出海企业提供融资、中国政府直接对外进行资金援助。这里以具体项目为例，简要介绍这些融资合作中的关键要素，为将来各方进一步拓展合作空间及方式提供参考。

中资金融机构对当地政府提供融资

当前这类融资大多可以归类为买方项目融资。在这种融资模式下，东道国政府或者由东道国政府出资或担保的企业是目标项目的直接出资方，往往直接拥有项目的所有权与运营权，由中资金融机构提供对东道国政府（企业）的融资服务，并由其支付项目建设相关费用，并在未来通过经营偿还相关贷款。在具体的操作中，视东道国需要，决定中方是否参与项目建设、建成后的项目运营及后续退出方式。当前，以国家开发银行和中国进出口银行为代表的中国政策性银行对涉及项目开发的共建国当地政府提供此类融资，是资金融通最常见的合作方式，特别适合于东道国的大型基建项目，当前很多"一带一路"共建国家急需这类项目，因此这种融资方式也是在"一带一路"当前建设阶段下，符合当地人民与政府利益的融资方式。下面简要列举两个较为符合这种融资形式的项目案例。

中老铁路项目，由中国与老挝双方于2016年成立的合资公司中老铁路有限公司共同开发、管理和经营。出资比例依照成立中老铁路有限公司中股权份额确定，其中中方出资70%，由老方出资30%。中国进出口银行向老挝政府提供30年期低息贷款；在铁路所有权方面，中国方面占70%股权，老挝占30%股权，由老挝铁路公司代表。中老铁路启动资金约为21亿美元，中国以低于3%的利息向老挝提供6.3亿美元启动资金贷款，6.3

亿美元正是按照老挝承担30%的比例投资的金额。

亚吉铁路项目（Addis Ababa-Djibouti Railway）在非洲东北部，连接埃塞俄比亚首都亚的斯亚贝巴和邻国吉布提的港口。在所有权方面，亚吉铁路在埃塞俄比亚与吉布提各自国境内的部分由各自政府所有；在运营权方面，铁路承建方中国铁建和中国中铁于2016年正式签约亚吉铁路6年运营权，并计划于2023年底中方将亚吉铁路的运营与维护权转交给埃塞俄比亚和吉布提。在出资方面，埃塞俄比亚段70%的资金和吉布提段85%的资金使用中国进出口银行商业贷款，两地政府依托铁路项目本身向中国进出口银行进行融资。

中资金融机构对中国出海企业提供融资

这种融资大多可以归类为卖方项目融资。在这种融资方式下，中方企业在海外承接项目，中资金融机构对中方"一带一路"相关出海企业提供融资服务。这种融资方式往往会与前面所述融资方式相互结合，也有单独立项的案例。

雅万高铁项目比较符合这种融资类型。为进行雅万高铁建设，由印尼国有建设公司（WIKA）和中国铁路国际有限公司、中国中铁、中国水电、中国铁路设计集团有限公司、中车青岛四方机车车辆股份有限公司、中国铁路通信信号股份有限公司共同组成工程总承包企业联营体中印尼雅万高铁合资公司（KCIC），其中印尼国企与中国国企分别占股权比例60%和40%，KCIC将拥有雅万高铁的特许经营权，用后续盈利偿还建设成本。在建设运营上，中印双方共同完成项目建设、后期共同运营；在融资方式方面，国开行向KCIC提供项目总投资中75%金额的贷款，贷款期限40年，可缓期10年；在融资成本上，利息为以美元计算每年2%；在贷款模式方面，KCIC采用灵活并符合当地实际需要的人民币与美元混合贷款的方式。

中国政府直接对外进行金融援助

在一些符合当地人民重点关切实际需求、最迫切发展需要的项目上，或遇到诸如新冠病毒这类重大灾难的时候，为最快、最好地给予相应资金供给，在金额大小适宜的情况下，中国会考虑采用对外直接进行投资、金融相关援助。以中马友谊大桥项目为例，这是一项马尔代夫长期想建造却未能建造的重大项目，该项目2亿美元，其中中国政府无偿援助1.16亿美元，并由中国进出口银行为马尔代夫提供低息贷款7200万美元，其余由马尔代夫政府支付。经过两年零八个月，建成后的中马友谊大桥极大缩短了马累岛和机场岛两岛之间的通勤时间，等距离运输成本降低到原先的30%。中马友谊大桥得到了马尔代夫国内人民群众及国际社会高度评价，时任马尔代夫总统亚明（Abdullah Yameen Abdul Gayoom）评价其"实现了马尔代夫人民拥有跨海大桥的百年夙愿"。

资金融通推动长效金融标准、规则和制度建设

直接的资金供应及流动是"一带一路"资金融通要解决的第一要务，是共建国家相关项目能够开工建设的直接保障。但站在更长期的视角，要增加"一带一路"对各方资金的吸引及吸纳力度，实现各国之间高效的资金使用与流通，离不开与资金融通相关的包括法律、协议、倡议在内的软性与硬性金融标准、规则和制度建设。良好的金融标准、规则和制度能够创造稳定的预期，进而是资金融通长期可持续的重要保障。这十年，中国与"一带一路"共建国家开展了一系列有关金融标准、规则和制度建设，涉及双边本币合作、双边金融市场合作、金融标准制定等领域，形成了一系列具体可供实践参考的协议、倡议文本，有效促进了双边及多边资金合作，也为未来各方更好地开展资金融通合作打下了坚实基础。

双边货币合作建设

双边货币合作是资金融通中的重要一环，"一带一路"国家间双边货币合作主要包括双边本币结算以及双边货币互换。相关研究认为，双边货币互换能够提供充裕的短期流动性，双边本币结算有助于减少交易双方因双边本币以外货币的汇率波动而造成损失，长期有资金在区域内沉淀及高效流通。从实践经验来看，双边货币合作对于在对方国家拥有实际业务的企业来说，有助于规避汇率波动、便于财务核算、加快结算速度，进而扩大经营规模；对两国人民最现实的需要来说，2019年中国与东盟航班每周往返近4500架次，双方人员往来达到高峰6000万人次，对对方货币需求明显，双边货币合作能极大地提高对方货币的可得性，并节约汇兑成本。总的来看，双边货币合作能够有效促进双边之间的贸易和投资便利化，也更有助于双方人员往来。截至2021年末，中国已与22余个"一带一路"沿线国家签署了本币互换协议，与10余个共建国家建立了人民币清算机制。2022年，中国人民银行分别与哈萨克斯坦国家银行、老挝银行签署建立人民币清算安排的合作备忘录，阿根廷人民币清算行服务正式启动。2019、2020、2021年，中国与"一带一路"沿线国家人民币跨境收付金额分别为2.73万亿元、4.53万亿元、5.42万亿元，同比分别增长32%、65.9%、19.6%，2021年金额数比2017年名义增长300%；与之对比，2013—2021年，中国与"一带一路"沿线国家贸易额增长73%。"一带一路"共建国家之间的货币合作正在积极稳步推进中。

金融市场合作建设

金融市场合作主要包括货币市场、债券市场及股票市场在内的各类金融一级、二级市场上的证券发行及并购等，包括但不限于熊猫债、点心债等跨境债务发行及企业跨境上市。近年来，随着以东南亚国家为代表的发展中国家经济蓬勃发展，中国从机构到个人的投资者，都非常关注东南亚资本市场的指数变动情况，与此同时，中国的证券交易所也在积极行动。2017年，上海证券交易所发布《上海证券交易所服务"一带一路"建设愿景和行动计划（2018—2020年）》，2018年、2022年，上海证券交易所通过视频会议形式举办"携手资本市场 支持一带一路——上海证券交易所债券市场高质量发展座谈会"；2023年1月4日，深圳证券交易所和菲律宾证券交易所新签合作谅解备忘录，双方一致认同将在市场培育推广、跨境投融资服务、指数合编和产品合作、市场发展和技术经验交流等方面开展更加有效务实的合作。

长效金融标准规则建设

这十年，资金融通合作形成了一系列金融软性的原则和倡议，尽管这不像"硬法"具备强制执行力，但对投融资双方主体却都有强烈的指导意义，也最符合当前共建各方的实际需求。2017年中国财政部与28个共建国家财政部门共同核准了《"一带一路"融资指导原则》，同年中国工商银行倡导成立"一带一路"银行间常态化合作机制（BRBR）；2019年中国财政部发布《"一带一路"债务可持续性分析框架》，2019年联合国开发计划署和中国国家开发银行在共建"一带一路"合作框架下共同研究形成《融合投融资规则 促进"一带一路"可持续发展》报告，同年，中国与老挝、蒙古、尼泊尔、新西兰、巴基斯坦、俄罗斯、沙特阿拉伯、叙利亚和越南等9个国家的会计准则制定机构还共同发起了《"一带一路"国家关于加强会计准则合作的倡议》。这些都是共建国家之间相互借鉴，都旨在为"一带一路"资金融通提供参考方案与实用的金融管理分析工具，力争减少各方之间误解，使得"一带一路"国家之间在资金融通合作中尽可能实现可预期化、规范化、标准化。

"债权帝国主义"与"货币霸权"指责不合实际

对于中国对外开展正常友好的金融合作，国际上有两种尖锐刺耳的声音：其一，认为中国通过债务获取对共建国家的控制权，如2017年一位印度政治学者的名为《中国的债权帝国主义》的文章，其使用斯里兰卡汉班托塔港等案例试图勾勒中国借用"主权债务"强迫他国臣服的"帝国主义形象"，称中国提供的资金使"从阿根廷到纳米比亚再到老挝等许多国家陷入债务陷阱"；其二，认为中国想借助"一带一路"实现人民币主导权，进而取代美元成为新的霸权货币。这两种观点是不公平、不公正的。关于第一点，中国从未强行或者引诱其他国家接受中国资金，始终按照东道国自身需求提供资金安排，并且往往提供价格便宜、期限很长的融资，没有形成过债务陷阱。新加坡南洋理工大学对"一带一路"沿线部分经济体民众抽样数据显示，41.6%的受访者认为"债务陷阱外交论是谬论而非现实"，并认为"一带一路"倡议会为自己国家带来净收益；美国约翰·霍普金斯大学政治经济学教授黛博拉·布劳蒂加姆（Deborah Brautigam）在研究了大量案例后得到结论，认为西方媒体宣扬的"债务陷阱论"没有证据支持。对于第二点货币霸权论，更是十分荒谬的。美元自20世纪50年代开始成为世界各国当局的主要储备货币后，一直广泛受到批评，被认为是"美元霸权"，当前世界各国开展各式各样的货币合作活动，正是为了认识到"美元霸权"的不足与潜在危害，尽量避免其对本国经济的不利影响。人民币从没有像美元在布雷顿森林会议上一样，主张将人民币打造成类似于唯一的世界货币，也从没有强迫其他国家非使用人民币不可。

资金融通合作符合"一带一路"东道国实际需要

世界当前面临的巨大问题之一是全球发展不平衡。不同社会发展不平衡，这种现象无论在历史上还是在现在，都给人类社会造成了大量的冲突，恶化了国家与国家、社会与社会、人与人之间的关系。共建"一带一路"倡议提出的核心原因之一，就是希望能够缓解其至最终解决这种现象。"一带一路"沿线国家位于陆上丝绸之路与海上丝绸之路的历史土壤上，陆上这些国家普遍是新兴经济体和发展中国家，其特点是经济增长快、经济发展不平衡，其中很大一部分国家面临城镇基础设施建设薄弱、国民储蓄率较低，尤其是金融市场发展滞后、缺乏进入国际金融市场的渠道。金融市场发展落后催生出两大发展难处，其一是很多沿线国家当地脆弱的金融体系难以支撑大规模建设投入，其二是当事国家现有的金融服务供给也难以匹配各个阶层不断增长的金融服务需求。中国将资金融通设置为共建"一带一路"倡议的主要内容之一，正是为了解决"一带一路"共建国家，特别是部分沿线发展国家资金匮乏，从而无法突破旧发展瓶颈，对发展形成直接制约的问题。

东道国主观有对外融资需求

"一带一路"沿线国家的一个重要特征就是，在国内基础设施发展水平有限的同时，国内金融发展水平不高，产业发展缺乏资金。包括世界银行、毕马威等机构编写的多份研究报告认为，以不变价格美元计算，"一带一路"沿线国家基础设施建设每年需要的资金额预估在6000—8000亿美元，而根据中国人民银行2017年测算，"一带一路"全部覆盖区域中的基础设施投资缺口将会超过每年6000亿美元。一方面是国内需要建设，另一方面是国内缺乏可以使用的资金，因此，广大"一带一路"共建国家有广泛的对外融资需求。如果可以通过引进海外投资，加之借助亚投行、金砖银行、丝路基金、世界银行等新老国际多边金融机构资金支持，就可以从某种程度改善自身资金匮乏情况；同时，共建国家通过合理的规划管理，在引进外资及多边金融机构资金过程中，逐渐完善国家自身金融体系，完全可以在承担合理规模外部融资风险的情况下，更好地完成社会建设发展。

"一带一路"资金融通契合相关国家需要

在"一带一路"资金融通开展之前，共建国家并非从未进行过国际借贷，早在20世纪70—80年代，当时的欧美发达国家就先后几轮对新兴经济体和发展中国家进行过包括金融资本在内的各类资本输出，世界银行、国际货币基金组织也大量参与过对发展中国家金融救助。其中有一些成功的案例，也有像拉美债务危机、东南亚金融危机等不少惨痛的教训。从国际比较层面来讲，"一带一路"资金融通为共建国家提供了更加丰富的金融资源以及金融公共产品，无论从目的还是落实情况来看，都是一件有利于区域及全球发展的好事情。"一带一路"资金融通极不希望曾经在国际金融合作或救助中出现过的不良局面再次出现，因此特别强调共建国家间双边互动协作以及多边协作的重要性，有利于相关国家找到最适合其自身利益的国际经济金融合作方式。

"一带一路"资金融通协助项目建设成效斐然

这十年，"一带一路"资金融通帮助许多共建国家完成了一直想干却因为缺乏资金技术而没有干成的重大项目。重大项目的开工建设离不开稳定可持续的资金支持，尤其对部分仍然是新兴经济体的"一带一路"共建国家来说，缺乏资金往往是过去项目不能顺利开工的重要原因之一。对于许多发展中国家来说，其国内由于发展阶段原因，尚未形成充实的资本积累，更需要外部资金补充，助力本国重大项目开工建设。通过资金融通，包括亚吉铁路、中泰铁路、雅万高铁、阿尔卡萨光伏电站、中马友谊大桥等一系列沿线国家重大项目都获得了大量期长价宜的融资，并已经顺利投入运营，其中很多项目都是当地的"第一"：第一条电气化铁路、第一条标准轨铁路、第一条高铁、第一个区域光伏电站，等等，项目顺利完成了，当下就业解决了，未来产出保证了。马尔代夫前建设部部长汉·乌马尔·扎希尔在参观建成后的中马友谊大桥时动情地评价说：这是寄托了马尔代夫当地人民半个世纪梦想的一座桥，在其他国家表示不可能时，是中国团队最终让我们的梦想变成了现实。

"一带一路"资金融通没有也不会形成债务陷阱

我们应该看到，共建"一带一路"资金融通能够容纳各式各样的融资方式以及金融合作方式；但同时也需要了解到，这十年，以国家开发银行与中国进出口银行为代表的中国国家政策性银行主要承担了向东道国政府或其关联企业提供融资的职责，资金期限往往长达几十年，还款条件也相对轻松。到目前为止，除了个别经营困难的项目，绝大部分在共建"一带一路"

框架下与中国进行资金融通合作的国家及相关项目没有遇到难以偿债的问题。关于所谓"一带一路"债务陷阱，联合国秘书长古特雷斯评价道："债务是全球问题，中国非常积极地运用各种资源来寻找各种解决方案，免除债务、债转股，还有其他措施。这表明中国对处理债务问题是非常重视的。债务是全球问题，我们不应该将全球债务问题与一些'一带一路'项目相关的问题混淆到一起。"

"债权帝国主义"的主要错误

有关"债权帝国主义"言论，大致有以下三类错误观点：第一，批评中国大力予以金融支持的项目不能给当事国家带来收益；第二，批评中国贷款条件苛刻，大多是针对具体项目的贷款，又附加了有关项目后期运营或需要东道国政府担保的条件；第三，批评中国条件太宽松，是企图让东道国贷款"上瘾"。对于第一种观点，"一带一路"基建项目长期来看是可以取得回报的，据世界银行测算，"一带一路"框架下的交通基础设施项目若全部得以实施，到2030年，每年将有望为全球产生1.6万亿美元收益，占全球GDP1.3%，其中90%由伙伴国分享，低收入和中低收入国家受益更多。2015至2030年间，760万人将因此摆脱极端贫困，3200万人摆脱中度贫困。对于第二种观点，如前文中所述，当前中资金融机构对"一带一路"共建国家提供相关贷款，以买方项目贷款为主，并根据项目运营周期，匹配以长期限的资金支持，这符合相关东道国实际情况，相关资金融通方式、规模、期限、利率也符合国际通行惯例。对于第三种观点，本身就与第二种观点自相矛盾，实际上中方参与资金融通的绝大部分都是企业自负盈亏，在为发展中国家提供金融支持的同时，非常注重对外投资时所面临的风险。

以汉班托塔港的金融合作为例，汉港在共建"一带一路"倡议提出前就开始建设，约2007年到2015年期间，当时斯里兰卡政府开始筹备建设汉港并寻求海外支持，在被包括印度在内的国家拒绝后，斯里兰卡政府选择与中国合作。在这段时间中国进出口银行向斯方提供了支持汉港两期工程的首笔3.06亿美元、期限为15年、利率6.3%、宽限期为4年的商业贷款，以及第二笔贷款利率2%、金额为9亿美元。2016年左右，斯里兰卡政府因其他外债偿还困难，加之多重因素导致当年汉港亏损超过3亿美元，运营陷入困境。于是2017年7月斯方以PPP模式和中国签订了协议，把汉港大部分运营管理权转交给在香港联合交易所上市的招商局港口控股有限公司（招商局港口）。据上市公司公开信息，汉港特许经营协议包括以下条款：招商局港口将向斯里兰卡投资11.2亿美元，其中9.74亿美元用于收购汉班托塔国际港口集团（HIPG）85%的股权，其余1.46亿美元存入招商局港口名下的斯里兰卡银行账户，拓展汉港港口及海运业务；斯里兰卡政府授予HIPG对汉港的特许经营权，期限99年。同时，HIPG将持有汉班托塔国际港口服务公司（HIPS）58%的股份，HIPS拥有汉港的公共设施的特许经营权。按照以上协议的条件，斯里兰卡港务局将分别持有HIPG15%股权，以及HIPS42%股权。更加值得强调的是，根据协议，自特许经营协议生效日期起10年内,斯里兰卡港务局有权回购HIPG20%的股权。自特许经营协议生效70年后,斯里兰卡港务局可按照双方认可的公允价格收购招商局港口持有的HIPG全部股权。协议满80年之际,斯里兰卡港务局可以1美元的价格收购招商局港口在HIPG持有的剩余股份,协议满99年终止时,招商局港口将主动把所持HIPG及HIPS的全部股权,以1美元价格转交给斯里兰卡政府和斯里兰卡港务局。由以上条款可见,斯里兰卡政府对汉港相关企业在很大程度上拥有随时收回大部分股权的权力。

关于是不是债务陷阱,是不是对东道国发展有利,归根到底要听当事国家人民和政府的表态。2019年12月19日,在与驻科伦坡的外国记者见面时,斯里兰卡新任总统戈塔巴雅·拉贾帕克萨重申,他的政府不会与中方重新谈判汉班托塔港合作协议,已签署的商业合同不会因政府更迭而变化。斯里兰卡学者莫拉穆达利2020年在美国外交学者网站刊文,对合同及债务情况分析后,认为出租汉班托塔港并非中国"债务陷阱"的证据。

中国承担的风险与责任

作为"一带一路"资金融通的主要资金供应方之一,中国也十分担心自身投资的安全性问题。这十年,因为东道国政府变更或其他各种情况,的确也发生过一些项目难以推进、工程突被叫停、投资无法收回、债务承诺违约等事件,对此有中国学者坦言,"一些国家欠债给中国,中国应更着急"。在资金融通上,中国深切地理解,发展中国家建设需要更长期的资金投入，相关投资可能存在较大风险。中国抱着长期主义以及不过分追求商业利润的态度参与投资"一带一路"项目，但是来自中国的投资方的确会有相关担心，担心投资无法收回或者形成烂尾；造成巨大损失，既不利于当地发展，也有损于中国形象，完全是中国不愿发生和看到的事情。此外，中国在"一带一路"建设上投入的资金也并非没有成本，以这十年提供大量资金供给的国家开发银行与中国进出口银行为例，其主要依靠在中国国内发行各类债券进行融资，以市场上流动性最好、最受欢迎的国家开发银行10年债为例，其融资利率常年在3%以上。而在我们在文中所分享的很多项目上，国家开发银行提供长期贷款的利率只有2%，期限长达30年，无论从利率和期限上来看，中方都承担着相当程度的风险敞口，担当了相对应的大国责任。

"一带一路"资金融通
促进国际金融合作走向长期、透明、可持续

这｜年，"一带一路"资金融通实际上也促进了国际金融合作中的透明度。中国始终力求尽量满足各方需求，尽力将事情做到各方满意。然而，凡事都有一个发展过程，"一带一路"资金融通同样如此。"一带一路"资金融通本来就是一个新生事物，自然要经过不断积蓄实践经验，发展壮大，要正视"一带一路"资金融通存在的问题，但同时不应苛求，更不该攻讦抹黑这样一个对人类社会发展有着巨大潜在帮助的好的合作。

资金融通促进金融监管合作

金融监管合作是"资金融通"合作中的重要组成部分。这十年,在金融监管方面,"一带一路"国家金融监管合作和交流持续推进,中国银保监会、证监会已经与境外多个国家的监管机构签署监管合作谅解备忘录,旨在加强信息互换,确保资金在"一带一路"国家间高效配置,强化风险管控,为各类金融机构及投资主体在"一带一路"国家布局创造良好条件。尽管当前的"一带一路"金融监管合作更多是基于本地而非双边或多边的,但这种相对松散型的合作模式符合当前各国实际需要,有利于各国了解彼此金融监管水平与思路,也有利于后续形成更加紧密的相互合作、相互监督、相互促进的伙伴关系。

资金融通促进金融能力建设

2017年首届"一带一路"国际合作高峰论坛上,中方宣布与国际货币基金组织合作建立联合能力建设中心,旨在为包括中国在内的"一带一路"沿线国家提供各类培训课程,为共建"一带一路"国家优化宏观经济金融框架提供智力支持。2018年4月,中国-国际货币基金组织联合能力建设中心启动仪式在北京举行,至2022年,中心已成功举办60余期课程班,随着"一带一路"国家间金融合作的进一步深化,共建各国及相关金融机构会开展更多有关金融能力建设的更多合作。

"一带一路"资金融通未来十年展望

2017年,习近平主席在第一届"一带一路"国际合作高峰论坛上指出,"我们要建立稳定、可持续、风险可控的金融保障体系,创新投资和融资模式,推广政府和社会资本合作,建设多元化融资体系和多层次资本市场,发展普惠金融,完善金融服务网络",这为"一带一路"资金融通中长期发展指明了方向。展望未来十年,资金融通有望呈现四大发展方向:首先,将会有更多投融资主体参与到"一带一路"资金融通中来;其次,"一带一路"资金融通会继续聚焦服务能够有效改善东道国民生福祉的重大项目;另外,"一带一路"资金融通合作中会更多地加入科技化与绿色化元素;最后,"资金融通"合作有望从开始十年的以跨境资金为主进一步深化到金融标准、制度与规则互通方向。未来十年,资金融通将用更多投融资主体、更多民生项目、更匹配的规则框架、更多科技和绿色元素,助力"一带一路"共建各国完成高质量发展。

更多投资主体

各国国内大型金融机构,特别是以国家开发银行与中国进出口银行为代表的中国政策性银行,是"一带一路"资金融通的主要资金提供方,这是"一带一路"资金融通合作头十年间的阶段性特点。展望未来,随着"一带一路"国家间资金融通合作的进一步深入,其他三大主体,即新兴国际开发金融机构、传统国际金融机构、其他私人部门也会更加发力,共同促进"一带一路"高质量发展。作为过去十年"一带一路"资金融通的主要投资国家,中国特别希望以及欢迎各类资金主体参与到

"一带一路"建设当中来，特别是希望私人部门发挥自身积极性，参与到"一带一路"投资建设中来。2019年，在第二届"一带一路"国际合作高峰论坛"资金融通"分论坛上，时任中国人民银行行长易纲明确表示，在"一带一路"倡议的未来建设中，政府性资金和投资仅发挥杠杆作用，将以政府资金撬动更多私有资金融入"一带一路"倡议的大型项目，私有资金将发挥重要作用，资金支持主要以商业性资金为主，尽量减少提供减让式资金，政府性资金主要起撬动私人部门资金的作用。当前，中国与"一带一路"沿线国家每年约2万亿美元贸易额中，私人部门已经有了很大占比，未来随着国际投资盈利机会的增多及国际投资环境改善，私人部门有望根据市场情况越来越多地参与到"一带一路"资金融通当中来。

更多民生项目与更大透明度

尽量为沿线有实际需求的国家提供丰富的资金资源并利用这些金融资源支持当地实体经济发展，减少资金约束对发展中国家发展形成制约，是"一带一路"资金融通最核心的关注点之一，民生基础设施建设是支持当地实体经济发展的重要一环。未来"一带一路"资金融通会更加重视为当地重要民生项目提供融资，更加重视当地居民及政府最为关切的民生需求。当然，资金供应并不是单边强制的，而是双边自愿的。例如，在中泰铁路一期项目中，经过几番讨论，最终还是确立了由泰国方面单方面出资，中国协助工程设计建设的方式，中国完全接受。但是在中泰铁路二期项目立项中，就又重新开放了海外融资，即中泰铁路二期可以利用海外融资，那中国就可能参与出资。中国在包括出资形式在内的合作形式都非常开放，是可以协商的，关键要看能不能对当地的民生形成帮助。

绿色、科技要素加快融入"一带一路"资金融通

绿色金融与金融科技两大创新元素正逐渐成为资金融通中的特色与亮点。从2013年首次提出"一带一路"倡议至今，习近平主席在多个场合多次重申绿色"一带一路"与"一带一路"科技创新的重要性。资金融通不仅致力于提供充足的基础建设资金保障，也同样重视资金融通能够带来的对人类社会发展的长期影响。通过金融方式引导更多资金流向绿色产业、利用科技赋能提升金融效率，进而促进全球范围内更先进生产力发展，是"一带一路"资金融通的长期导向之一。

"一带一路"上的绿色金融

《推动共建丝绸之路经济带和21世纪海上丝绸之路的愿景与行动》中提出，"在投资贸易中突出生态文明理念，加强生态环境、生物多样性和应对气候变化合作，共建绿色丝绸之路"。2017年，《关于推进绿色"一带一路"建设的指导意见》发布，2018年，《"一带一路"绿色投资原则》发布，旨在将低碳和可持续发展议题纳入"一带一路"倡议，致力于强化对投资项目的环境和社会风险管理，推动"一带一路"投资的绿色化。据不完全统计，2013年至2019年，"一带一路"项目总价值为1.7

万亿美元，其中清洁能源项目总价值约1100亿美元，涵盖天然气管道、风能、水能、核能、污水处理、绿色基建等领域；2020年，中国在"一带一路"国家的可再生能源项目投资金额首次超过煤炭投资；2021年，中国承诺不再新建海外煤电项目；同年，国家开发银行与绿色气候基金签署合作备忘录，成为首家与绿色气候基金签署合作协议的中资金融机构；同年上半年，中国对"一带一路"沿线国家和地区的煤炭（煤电和煤矿）投资为零；2022年，中国人民银行带头继续扩大《"一带一路"绿色投资原则》，持续以绿色金融支持"一带一路"建设高质量发展。这十年，中国在"一带一路"投资或建设了巴基斯坦卡洛特水电站项目、匈牙利考波什堡100兆瓦光伏电站、马耳他重油向天然气转型项目等越来越多的绿色项目，这些项目在确保当地电力供应自给的同时，推动了清洁能源的广泛使用。"一带一路"资金融通助力沿线国家经济绿色化转型发展，把握时代最需要的生产力发展方向，为共建国家提供优质、安全、高效的绿色资金及项目供给。

金融科技助力"一带一路"更高质量发展

在"一带一路"资金融通建设过程中，金融科技正发挥日益重要的作用。资金融通中的金融科技合作当前主要体现在如下几个方面：其一是赋能经贸投资发展，比如利用更高效更安全的跨境支付系统如人民币跨境支付系统（CIPS）服务于跨境资金往来与结算；其二是促进金融机构合作，如中国工商银行已经成功举办两届"'一带一路'银行间常态化合作机制(BRBR)金融科技论坛",各方分享数字化转型的战略布局和成功经验,助力全球百余家BRBR成员及观察员的数字化发展;其三是增强东道国金融科技水平建设,如中国企业运用自身在金融科技领域中的相对技术领先地位,协助当地打造数字化支付平台,据统计,自2015年以来,中资企业已经在印度(2015)、泰国(2016)、俄罗斯(2017)、菲律宾(2017)、马来西亚(2017)、印度尼西亚(2017)、巴基斯坦(2018)、孟加拉国(2018)等8个"一带一路"沿线国家协助打造当地版支付宝,极大提高了当地数字支付水平。展望未来,共建国家之间可以利用金融科技提供更多种类更高质量的本地金融服务、推动跨国金融信用体系建设、完成更高效便捷的跨境资金流通和结算,切实为各国经济发展提供支持。

更多金融标准、规则、制度互通

"一带一路"倡议提出以来,中国始终关注金融标准、规则、制度互通,2013年以来,相关文本包括但不限于《标准联通共建"一带一路"行动计划(2015—2017)》《标准联通共建"一带一路"行动计划(2018—2020)》《标准联通共建"一带一路"行动计划(2021—2025)》等。综合来看,金融"软性治理"更符合当前以及今后相当长一段时间内"一带一路"沿线各国实际需要。展望更长久的未来,当双边或者多边形成更多金融共识后,也可以根据远期实际需要,逐步将部分金融标准、规则、制度"硬化",设置多边平等参与、共同认可的金融监督执法机构,对共同关切的金融事项特别是违法事项进行多边共同管理。

第七章

"一带一路"
产能合作

Belt
and
Road
Initiative

"一带一路"产能合作
推动沿线国家经济全面发展

自2013年"丝绸之路经济带"和"21世纪海上丝绸之路"的合作倡议提出后,中国与"一带一路"沿线国家展开了全方位而又深入的产能合作,截至2021年末,中国已同40多个国家开展了机制化产能合作。从最初的各取所需,到后来的互利互信,再到现在的民心相通,在这十年里,"一带一路"倡议下的产能合作方式不断优化,为中国企业"走出去"创造了越来越多的机会,也为沿线国家的产能结构、民生福祉以及经济发展做出了巨大贡献。

国际产能合作一般来说有两种方式:一种方式是通过产品输出进行产能转移,即中国企业将本土商品以外贸形式出口至"一带一路"沿线国家;另一种方式则是通过产业转移的方式来实现产能的整体迁移,比如说产能输出国通过对外投资的方式在东道国建厂,实行成套设备的整体转移,并将配套产业和设备进行同步转移,形成产能、资本、技术、标准立体化综合转移。

对于"一带一路"倡议下的产能合作来说,以直接投资的方式在沿线国家进行建厂成为了主要的实施方式。因为中国的产品大多物美价廉,会对沿线国家的产业构成冲击,容易对沿线国家政府造成倾销的误会,为保护本国企业,沿线国家政府通常会对中国商品实施高额关税,同时也会引发当地政府、企业、民众对中国商品的抵触情绪，不利于"一带一路"产能合作的深化。

而对外直接投资则可以避免因产品直接向沿线国家出口而引起的一系列问题和冲突。一方面，在当地直接建厂生产，将生产配套、能源供给、人员培训、技术标准整体转移到沿线国家，可带动沿线国家的工业化水平提升，实现沿线国家经济的全面发展；另一方面，中国企业通过收购参股等方式，加入沿线国家的工业化建设，既加快沿线国家的工业化进程，又促进区域经济一体化建设。此外，对外投资还可以增加沿线国家的劳动就业，提高居民收入，扩大当地市场规模，为中国创造优良的外部环境。

目前，中国在"一带一路"国际产能合作中主要推进13个行业，分别是：钢铁、有色金属、建材、铁路轨道交通、电力、化工、轻工、汽车、通信、工程机械、航空航天、船舶和海洋工程。并且，中国企业与沿线国家政府、企业合作共建的海外产业园已经超过了70个，中国企业在沿线国家所承包的项目也超过了3000个。

随着"一带一路"产能合作的逐步深入，项目数量越来越多，一些西方国家的学者与媒体开始肆意造谣与抹黑"一带一路"产能合作，用"过剩产能转移论"与"污染转移论"等论述来遏制"一带一路"产能项目的深入合作，对中国的国际形象造成了极大的负面影响。但沿线国家的企业与居民的真实反馈，打破了此前西方国家对"一带一路"产能合作的污蔑。事实表明，中国用惠民、绿色的产能项目极大地推动了"一带一路"沿线国家的经济全方位发展。

"一带一路"钢铁产能合作坚持"惠民"原则

"一带一路"的钢铁产能合作已较为成熟，也是中国与沿线国家开展产能合作时普遍涉及的门类。因为钢铁是众多产业门类发展的基础要素，同时钢铁与处于不同发展阶段的经济体间有较高的耦合性，以及背后的多样化合作模式能够高效实现"一带一路"沿线国家的多元化经济发展需求。

"一带一路"沿线国家拥有丰富的矿产资源，因此，未来发展潜力巨大。已探明的沿线地区铁矿石储量676亿吨、锰矿石储量2.38亿吨、铬铁矿石储量2.84亿吨、镍矿储量1410万吨、锡矿储量307万吨、钼矿储量520万吨，分别占全球的39.8%、15%、17.5%、61.4%、65.3%、47.3%。

虽然"一带一路"沿线各国的矿产资源十分充裕，但钢铁产业总体相对不发达，对铁矿石的利用有限，2013年，"一带一路"沿线国家的合计年生产铁水量仅有1.61亿吨，仅占全球生铁总产量的15%左右，急需国际产能合作来实现资源的有效利用。

多数"一带一路"沿线国家处于工业化的初期阶段，对发展技术设施有着极高需求，但钢铁工业基础还较为薄弱，急需国外投资来提升钢铁产能以满足国内的基建建设,而中国无疑是最佳选择。但针对"一带一路"的钢铁产能合作,一些西方媒体将其冠以"过剩产能转移论",并宣称中国将过剩的钢铁产能淘汰给沿线国家,这种说法并不正确,中国与"一带一路"沿线国家在钢铁产能上合作的真正目的在于优化双边钢铁产能供给与需求结构。

统计数据表明:截至2021年末,中国在"一带一路"沿线地区的钢铁投资项目约25个,钢铁工程建设项目约10个;在2020年和2021年,"一带一路"沿线国家的粗钢产量分别达到了3.85亿吨与4.22亿吨,占世界粗钢总产量的20.5%与21.6%。由此可以看出,钢铁产能合作为"一带一路"沿线发展贡献了磅礴力量。从反馈来看,钢铁产能合作为当地带来了工业化程度的提升、就业率的提升、居民收入的提升,使不少沿线国家的企业与居民对中国充满好感。

河钢塞钢钢铁产能合作项目拉动当地就业水平

河北钢铁集团(以下简称河钢集团)是最早响应共建"一带一路"并努力实现"走出去"的企业之一。2016年,河钢集团以4600万欧元的价格收购了塞尔维亚的斯梅代雷沃钢铁厂,并成立了河钢集团塞尔维亚公司。在河钢集团入主斯梅代雷沃钢铁厂之前,钢铁厂已经连续亏损7年,每年的预计产能为220万吨,但每年只有不到90万吨的产能水平。

在河钢集团收购斯梅代雷沃钢铁厂仅仅两个月后,习近平主席到河钢集团塞尔维亚公司视察，并表示河钢要与塞方精诚合作，让钢厂重现活力，为增加当地就业、提高人民生活水平、促进塞尔维亚经济发展发挥积极作用。可见习近平主席对"一带一路"产能合作的高度重视以及对塞尔维亚的经济发展格外关心。

河钢集团塞尔维亚公司成立后，河钢首先是全盘接收了原来在斯梅代雷沃钢铁厂工作的5050名员工，其次是通过输出先进的管理经验和生产技术，将20多项河钢专有技术带到了塞尔维亚，最后河钢还赋予了斯梅代雷沃钢铁厂优质的产能对接资源，为塞尔维亚打造出了完整的现代化产业体系。

近半年时间，河钢集团塞尔维亚公司就将前一年亏损的1.2亿欧元转为盈利，之后连续四年更是成为了塞尔维亚最大的出口企业，其产能输出不仅满足了当地的钢铁需求，还为其他国家提供钢铁支持。值得一提的是，河钢集团塞尔维亚公司的成功不仅仅是国际产能合作的成功，更是"一带一路"倡议对提升沿线国家经济水平的重要体现。河钢集团塞尔维亚公司的到来使当地的税收与财政有了极大改善，斯梅代雷沃市的财政收入较此前实现了翻倍，失业率也由16%降低至8%。

河钢集团以收购参股的方式参与到塞尔维亚的钢铁产能中，让当地企业与政府对中国的"一带一路"倡议高度肯定，深化了中塞两国间的友谊。在斯梅代雷沃钢铁厂工作15年的员工米洛耶维奇表示："我非常高兴中国企业收购了钢厂，我们同中国人有兄弟一样的感情，相信钢厂一定会成功，我们的收入也能提高，我们的家庭也能够稳定，感谢中国企业让我们有了脚踏实地的感觉。"

对于此次合作，塞尔维亚总统阿莱克桑达尔·武契奇表示："中国公司和我们斯梅代雷沃钢铁厂合作，保住了5000多个工作岗位，不仅是这5000多个工作岗位，中塞双方的合作还创造了5万个工作岗位。我们将永远感谢习近平主席，感谢中国共产党。"

中塞之间的钢铁产能合作之所以能大获成功，是基于两国间的充分信任与充分尊重，河钢集团在入主斯梅代雷沃钢铁厂后并没有对原本的企业文化做翻天覆地的改变，而是坚持"用人本地化、利益本地化、文化本地化"的管理原则，与当地政府及员工共商共建，最终提升了塞尔维亚的钢铁产能与经济水平。

中冶台塑项目带领当地居民"脱贫"

除了以收购参股的方式参与"一带一路"沿线国家的钢铁产能合作外，中国企业还以在沿线国家承包项目建设的方式提升当地的钢铁产能，例如，越南的台塑河静钢厂的1、2号高炉项目。1、2号高炉是由中冶赛迪设计、中国十九冶承建，并分别在2017年与2018年点火成功。

高炉项目是整个台塑越南河静钢厂唯一一个采用EPC模式建设的系统工程，中冶赛迪与中国十九冶在项目建设上充分发挥各自在采购、运输、设计、施工等方面的优势，将台塑越南河静钢厂打造为东南亚最大的钢铁联合企业，同时还是中国近20年来在海外新建的千万吨级钢厂。

此次高炉项目的建设可谓是全面彰显了中国国际级别的建造技术，高炉采用了中冶赛迪自主产权的高效低耗关键技术群，核心装备国有化率达到了90%以上，全体系采用了获国家科技进步二等奖的覆盖特大型高炉工艺理论、设计体系、核心装备、智能控制的关键技术，每生产一吨铁能够降低燃料消耗20千克以上，降低风耗100标准立方以上。先进的体系帮助越南拥有了全球最高级别的高炉。

不仅如此，高炉工程运用了中冶赛迪自主研发的转底炉直接还原技术，每年可全量处理河静钢铁生产过程中产生的高炉矿泥及转炉OG泥等固废尘泥25万吨，并回收其中的铁、碳、锌等资源，保证高炉顺畅运行且具有较高的环保和经济效益。

正由于1、2号高炉的投产使用，台塑河静钢厂的产能得到大大提升，在项目完成后的第一阶段，公司的生铁产能可以达到每年350万吨，随后产能还将翻至每年700万吨。此次合作也助力河静这个越南小渔村变成一座工业重镇。

中冶赛迪的越南项目之所以大获成功，同样与尊重当地文化与经济发展密不可分。中冶赛迪海外业务部部长刘勇曾表示："与过去的'走出去'不同，现在中冶赛迪更重视'走进去'，重视属地文化发展。"

一名叫英桃的越南籍中冶赛迪台塑河静项目女工曾用一条短视频记录了项目建成后逐渐变好的自己的生活故事。以前，河静省是越南相对贫穷的地区，当地居民多以农业和渔业为生。在中冶赛迪的项目建成后，她亲眼看到，一大批当地人从务农转型到施工、贸易、运输等相关工作。尽管一开始很多当地人对设备操作与业务流程并不了解，但中冶赛迪本着"有问题，找赛迪"的精神，多年以来手把手地将相关技能传授给当地居民，将他们从无技能、不稳定收入甚至靠天吃饭变成掌握一定技能的产业工人。

更值得一提的是，中冶集团的技术与精神还让竞争对手大加赞赏。日本新日铁住金、日本JFE、台湾中钢、印度TATA等世界一流钢铁企业对此次项目高度认可，并评价"中冶赛迪有着顶尖的钢铁工程技术，中国钢铁技术值得尊重"。

马中关丹产业园
助力当地工业化水平与居民自身价值双增长

从现实案例来看，中国企业不负习近平主席的嘱托，在为"一带一路"沿线国家提升钢铁产能的同时，还提升了当地的经济，让当地居民的收入大幅改善。在与中国合作的项目中工作，成为了当地人人羡慕的事。

马中关丹产业园就是一个很有代表性的案例。2013年2月，马中关丹产业园正式开园，马中关丹产业园350万吨联合钢铁项目是该产业园的首个入园项目，由广西北部湾国际港务集团与广西盛隆冶金有限公司共同投资建设。项目总投资14亿美元，可年产350万吨钢材。

随着关丹产业园投产与当地员工数量的不断增加，中国企业与"一带一路"倡议的良好口碑也在当地传播开来。哈伊里是在项目工作的关丹本地人，他的父母从小就将他送到了马来西亚当地的华文小学读书，因此，他能说一口流利的汉语，但那时哈伊里的父母并没有想到有一天他会加入到一家中国企业。

项目建造时期，哈伊里正在读书，有时会从项目附近经过，他当时就想，读完书毕业后是不是可以在这里申请工作，毕竟离家也比较近。正如他所愿，哈伊里毕业后在2017年正式成为了项目的一员，并逐渐熟悉项目的相关工作，他也曾到中国接受过培训。他表示，家里人对他在钢厂上班感到满意，他还强调之前读书的地方离家较远，现在工作完可以回到家里，每天都可以见到父母，他们也是很开心的。

更为重要的是，哈伊里通过他杰出的表现，在工作不久后获得了升职机会，但他不仅仅满足于自己的职业发展，还想带领身边的同事一起进步。哈伊里的进步得到中方员工的高度赞赏，项目总工程师、副总经理胡玖林评价道："哈伊里的成长具有标志性，不仅是他升职了，而是他开始带队伍了。"胡玖林还强调，像哈伊里这样获得晋升的本地员工还有不少。

在关丹产业园的工作经历，让哈伊里对中马合作和"一带一路"倡议有了自己的体会。在他看来，"一带一路"是一个很有前瞻性的倡议，能够让他的家乡关丹以及所处的马来西亚东海岸地区，乃至马来西亚发展得更好。

"一带一路"产能合作项目的惠民性引发国际共鸣

尽管将成品钢铁直接出售给"一带一路"沿线国家可大大降低中国企业和政府的成本,但这并不利于满足沿线国家对经济发展的长期需求及居民对美好生活的向往。通过上述案例来看,"一带一路"产能合作,一方面是为沿线国家的产能短缺提供了解决方案;另一方面则是为提升当地的就业以及居民收入做出了巨大贡献。从米洛耶维奇、英桃和哈伊里的经历可以看出,产能项目在建设时充分考虑到了当地的民生需求。

对于"一带一路"产能合作项目所体现的惠民性特点,国际社会给出了高度评价。巴基斯坦"读懂中国"论坛理事长扎法尔·马赫默德曾评价道:"民众的获得感是共建'一带一路'得到广泛支持的最根本原因。共建'一带一路'不仅实现了基础设施的联通,更促进了人与人的联通、国与国的联通,共建'一带一路'越来越深入人心。"塞尔维亚国际政治经济研究所副所长伊沃娜 拉杰瓦茨表示:"如今,共建'一带一路'项目遍布全球,覆盖范围不断扩大,许多国家都将本国的发展规划与共建'一带一路'对接,共建'一带一路'倡议已成为广受欢迎的国际公共产品。这是一个开放的倡议,所有感兴趣的国家都能加入进来;这是一个务实的倡议,契合'一带一路'沿线国家和地区经济转型升级的迫切意愿;这是一个与时俱进的倡议,相关合作正沿着高质量发展方向不断前进。"

"一带一路"
电力产能合作践行绿色发展观

据2016年世界能源理事会发布的一份报告称，当时全球有12亿人面临着无法得到稳定供电的困难。这些人大多位于"一带一路"沿线的亚、非发展中国家，但受制于相对落后的基础设施，这些沿线国家的电力开发能力较为薄弱，难以应对缺电的窘迫困境。

2015年9月，习近平主席在联合国发展峰会上正式向全世界宣布了"全球能源互联网"这一倡议，这也成为了众多"一带一路"沿线国家解决"用电难"问题的重要方案。中国构建"全球能源互联网"的倡议是贯穿"一带一路"倡议的重要举措。从技术条件看，电网互联互通是"一带一路"建设最有条件率先取得重大突破和多点突破的领域，也将会为沿线国家的电力产能提升带来明显改善。

由于大多数"一带一路"沿线国家的经济发展阶段尚没有达到环境库兹涅茨曲线中的拐点，即大多数发展中国家的环境质量可能随着经济发展而不断下降和恶化，再加上火力发电是全球最为主要的发电方式，一些西方国家开始用所谓的"污染转移论"来抨击"一带一路"电力产能合作，认为中国在沿线国家建造项目是为了满足国内的电力产能需求，同时又将火力发电所产生的污染留在沿线国家。

而现实并非如此，"一带一路"电力产能合作从初期就秉承着绿色发展理念，同时将缓解沿线国家的"用电难"困境视为首要任务。中国企业早在2015年就已经在沿线国家建立了清洁能源发电项目。并且，随着2021年习近平主席宣布中国不再新建境外煤电项目，以及2022年四部委发布《关于推进共建"一带一路"绿色发展的意见》（以下简称《意见》）后，"一带一路"的电力产能合作也将变得更加绿色。中国与"一带一路"沿线国家用实实在在的项目回击了"污染转移论"。

卡洛特水电站项目
成为"一带一路"沿线上的一颗"绿色明珠"

由中国三峡集团为主投资建设的卡洛特水电站是中巴经济走廊首个水电投资项目。自2015年项目开始建设起，"绿色低碳"就是中国与巴基斯坦项目建设者所坚持的理念，历时7年多，卡洛特水电站终于在2022年全面投入运营，它也成为了"一带一路"沿线上的一颗璀璨的"绿色明珠"。

卡洛特水电站位于巴基斯坦旁遮普省卡洛特地区，项目总投资约17.4亿美元，总装机72万千瓦，建成后，每年可为巴基斯坦国内的500万居民提供充足电力，如此一来，巴基斯坦电力短缺的问题将会得到极大改善。同时，卡洛特水电站还可达成每年降低350万吨二氧化碳的绿色发展成就。

绿色低碳理念不仅仅是被融入到了电力的清洁能源供应上，与项目相关的配套设施与原材料使用也实现了低碳化。项目运用了混凝土管理系统，可以做到混凝土温度的智能动态监控与智能通水，实现节水、节电、节能。另外，大坝施工仿真系统可以做到碾压设备的位置、碾压遍数、振动频率的实时监控与信息上传，不仅节省了人力，在满足质量要求的前提下，还能实现能耗最小。项目所产生的生活废水也都会进行处理，达标后再排放。卡洛特水电站还规划了完整的项目区绿化方案，在项目周边种植了适应当地土壤、气候的树木灌木和草种，并分时、分区地实施绿化工作。

卡洛特水电站项目部还成立了8个自然社团，通过建立生物多样性项目进行环保宣传，并组织社会民众、学校学生积极参与到保护生物多样性的活动当中，带领本国民众共同维护美丽家园。

为保护周边生态和濒临灭绝的生物，项目部在工程前期采取了多种保护策略，如：对于影响区域的项目进行环境检测和保护活动，对国家公园进行调研和起草管理计划，完成鱼类调研报告等。通过持续不断的保护工作，当地特有的马哈西尔鱼、阿尔万雪鳟鱼得到有效保护。

为了进一步提高电厂周边居民的居住条件，促进区域可持续发展，三峡集团与项目所在地政府深入合作，先后修建了中小学、医院、公路、公园、供水设施等各类基础设施。此外，还成立了"中国三峡—巴基斯坦奖学金"项目，用于为巴基斯坦的学生提供在中国学习的机会。

卡洛特水电站项目在可持续发展方面的工作，受到了国际社会的一致好评。2021年9月，《三峡巴基斯坦卡洛特水电项目：

绿色能源合作提升民众获得感》被列入联合国《中国落实2030年可持续发展议程进展报告（2021）》。2022年2月，卡洛特水电站项目在第14届巴基斯坦国际环境与健康论坛中获得了"生物多样性保护类和社区发展服务类"奖项。

埃塞俄比亚阿达玛风电项目成为非洲的"绿色屋脊"

埃塞俄比亚的阿达玛风电项目由中国水电工程顾问集团和中地海外建设集团组成的联营体承建，项目工程一期总装机容量51MW，二期153MW，于2016年全部投产发电。阿达玛风电二期项目每年可提供约4.76亿千瓦时电量，解决埃塞俄比亚首都20%以上的用电需求，有效弥补其电力缺口，优化电源结构，提升了埃塞俄比亚开发风能资源的技术实力，受到当地政府和国家的高度赞誉。

埃塞俄比亚位于非洲东部，是"一带一路"的延伸国、中非产能合作试点国家，也是非洲增长最快的非石油经济体。从资源禀赋来看，埃塞俄比亚电力供给中约有90%来自于水电、8%来自于风电、2%来自于火电。但由于埃塞俄比亚常年水库淤泥严重，外加干旱少雨的年份会使水库难以蓄满水，导致埃塞俄比亚国内的电力需求缺口不断增大。

为解决埃塞俄比亚的电力产能短缺问题，同时也为实现当地的绿色化发展，中电集团放弃了新建燃煤电厂或燃油电厂的想法，而是选择在埃塞俄比亚北部的山区开发风电项目。鉴于东非地区优厚的风力资源，风电所贡献的电力产能更加廉价且高效。

阿达玛风力发电项目竣工后，每年可提供6.3亿千瓦时的清洁电力，按照340/kW·h标准计算，每年可节约标煤消耗约18.5万吨，减少二氧化碳排放约46.1万吨，同时还可以降低大气中的二氧化硫和其他各种污染物的排放，也节约了许多水资源。

为解决风电机组在施工之前出现的土壤侵蚀问题，该工程采取了浆砌石排水渠方式进行引水，对风机吊装场地也进行了绿化。在生态方面，项目有效地维护了当地现有的动植物种类，不干扰、不捕杀风场内的野生动物，在建设期间维护和还原了原有的生态环境。阿达玛风电项目是解决全球气候变化问题的一项切实的举措，并使埃塞俄比亚在国际上的形象发生了巨大的转变。

另外，阿达玛风电项目作为埃塞俄比亚的首个投产的风电项目，不但在东非地区受到了极大的重视，而且在全球也产生了一定的示范效应。

多国政府的能源部长与大臣及其他政要前来参观、学习发展经验。由于该工程是一种以电力为主要产能生产的基建工程，所以它能带动地方经济发展。根据电力与国民经济收入的关系初步估算，在埃塞俄比亚，每千瓦时的电力产能可产生约1.0美元GDP，因此，它将每年为埃塞俄比亚带来6.3亿美元GDP。

太阳能电池片及组件生产线项目
助力马来西亚扩大清洁能源发电比例

马来西亚政府非常关注可持续发展，专门定制了国家可再生能源计划，提出可再生能源占比，特别是光伏发电的目标。从自然环境角度来看，马来西亚地处东南亚的中心位置，地理条件优越，靠近赤道，其国内常年气温较高且温差变化较小，光照强度高达1400－1900kW·h/m2，非常适合开发太阳能产业。

中国在清洁能源方面属于后起之秀。虽然起步比较迟，但是发展迅猛，已经在世界范围内引领了清洁能源的发展。光伏也成为了中国在"一带一路"倡议下对外交流的"名片"。2015年，晶科能源在马来西亚槟城投资建设太阳能电池片和组件生产厂，此项目也成为了中马首个光伏太阳能产品制造合作项目。

2015年，该项目正式开工并于当年建成投产，此后又在项目原有的基础上，在2016年完成了二期与三期的项目建设。截至2017年底，晶科能源已在当地建设了7个工厂，电池片和组件产能分别达到3500兆瓦和3000兆瓦，对马来西亚清洁电力市场的发展起到了积极的作用。

除了在业务生产上为当地的清洁能源电力产能做出巨大贡献外，晶科能源在马来西亚的运营也实现了低碳化运作。晶科能源的马来西亚工厂在2022年2月首次实现了100%绿电供应。该工厂电池片和组件的产能分别约为7GW，工厂全年耗电量约3.35亿千瓦时，因此，可通过100%绿电运营，年均二氧化碳排放量可降低21.42万吨。

晶科能源在槟城当地鼓励并帮助其上下游企业使用可再生能源，践行绿色运营原则。从产品设计、工厂布局到采购和物流的一系列绿色决策，实现了产品全生命周期的绿色管理，也进一步带动了马来西亚国内多产业的绿色化发展。

**国际社会高度赞扬
"一带一路"产能绿色化合作**

从诸多实践来看，建设境外绿色园区的项目，有利于推动共建"一带一路"沿线国家塑造绿色低碳产业体系、对接国际环境规则、参与全球绿色治理，也有利于带动中国先进的绿色装备、技术、标准"走出去"，助力海外绿色产业快速发展。

更为重要的是，"一带一路"产能合作所坚持的绿色化原则让国际社会看到了中国与沿线国家想要努力实现绿色可持续发展的决心，也改变了国际社会对发展中国家在发展经济的同时破坏自然环境的固有印象。

对此，国际社会对"一带一路"倡议下的绿色化产能合作给予了高度评价。曾担任联合国环境署执行主任的埃里克·索尔海姆表示："《意见》所指出的正是我们所需要的，在这一框架的指导下，'一带一路'倡议将真正成为建设绿色地球的主要推动力量。'一带一路'倡议涵盖150多个国家，是当今时代最重要的投资项目。绿色'一带一路'将是我们走向生态文明之路。"法国可持续发展研究所所长塞巴斯蒂安·特雷耶表示："在当前全球形势下，推进可持续发展至关重要，而共建绿色'一带一路'符合这一趋势。"美国哥伦比亚大学经济学教授杰弗里·萨克斯认为："近些年来，共建'一带一路'变得越来越绿色，可持续发展理念成为共建'一带一路'的核心主题，这是一个显著的贡献。对一个需要在可持续发展问题上有所突破的世界来说，中国取得了很多进步并做出了巨大贡献。"

"一带一路"产能合作未来展望

"一带一路"产能合作环境将进一步优化

自从"一带一路"倡议实施后，中国与沿线各国之间在基础设施上的互联互通程度日益提高。在过去十年里，中国与沿线国家共同见证了印尼雅万高铁瓦利尼隧道贯通、同江中俄跨江铁路大桥贯通、中老铁路琅勃拉邦湄公河特大桥合龙、蒙内铁路通车等重大项目的实施与运营。上述基建项目不仅为"一带一路"产能合作创造了需求，而且也为扩大产能提供了可能。

民营企业在"一带一路"产能合作中将发挥更大作用

在过去10多年的发展过程中，中国民营经济发展迅速，企业规模由小到大，企业实力由弱变强，逐渐成为了中国经济发展、产业结构优化、社会就业扩大的主要动力。

与此同时，随着中国民营企业规模的逐步扩大，部分民营企业家将目光投向了"一带一路"沿线各国，他们"走出去"的愿望正在日益增强。未来，通过持续优化的政策、愈加畅通的贸易渠道，中国民营企业对"一带一路"沿线国家的投资热情将愈发高涨。

更多发达国家将参与"一带一路"产能项目建设

目前，部分发达国家对"一带一路"倡议的相关举措持谨慎态度，但出于对现实利益的考量，他们对分享"一带一路"发展红利的热忱不断提升，尤其是在"一带一路"区域内贸易在全球贸易中的占比超过北美自贸区后，让发达国家看到了"一带一路"产能合作项目的利润增长空间。目前已有法国、韩国、加拿大等发达国家与中国达成了第三方市场合作协议，未来也将会有更多发达国家参与其中，让"一带一路"产能合作项目获得更多发展支撑。

"一带一路"产能合作将被注入数字技术要素

人工智能、物联网、3D打印和虚拟现实等数字技术已逐步成为人类生活中的必备要素,在此过程中,数字技术打通了网络世界和物理世界之间沟通的桥梁,极大地改变了产业组织与合作的方式,为开展产能合作开辟了新空间。在后疫情时代,"一带一路"沿线国家的企业与居民习惯并乐意运用计算机软件、信息等服务,与这些内容相关的行业在未来也将成为产能合作的新领域。

第八章

"一带一路"未来畅想

Belt
and
Road
Initiative

和平发展的"一带一路"

当前,世界百年未有之大变局加速演进,世界进入新的动荡变革期,"一带一路"沿线国家面临的安全形势十分复杂,既包括传统的军事安全,也包括经济、文化、社会、环境、资源、科技、信息等领域的非传统安全,例如网络安全、经济安全、生态安全、卫生安全、粮食安全等。非传统安全相对于传统安全的内涵更为多样和复杂,也更值得建立常态化的应对机制。

"一带一路"的安全赤字

网络安全方面,目前"一带一路"沿线国家由于网络攻击导致的网络安全问题的发生十分频繁。由于"一带一路"沿线国家网络安全建设比较落后,加之复杂的地缘政治因素,这些国家相比其他地区面临着更高的网络安全风险。网络攻击事件在东南亚、非洲等网络技术水平相对较低的沿线地区频繁出现,造成了巨大的经济损失。据统计,在数字丝绸之路沿线国家中,中东欧国家承受网络安全压力最大,其次是中东、东南亚和南亚国家,最后是中亚地区,每10万人遭受网络攻击的频度最低。例如,2022年5月13日,赞比亚银行称最近遭受可疑的网络攻击很可能是Hive勒索软件所造成的。日本网络安全厂商曾透露,Hive勒索软件于2021年6月启用,仅一年时间,已经"成为目前最活跃、最具攻击性的勒索软件家族之一"。

粮食安全方面,2022年,新冠疫情反复,俄乌军事冲突引发能源危机等一系列因素相互叠加，导致全球粮食安全合作不断恶化，全球粮食供应短缺引发全球粮食市场剧烈波动。而"一带一路"沿线国家由于农业管理体系相对不完善、农业发展的技术水平相对落后、应对自然灾害能力较差等问题，是这场危机中受到影响较大的群体。《2022全球粮食危机报告》显示，2021年，有53个国家或地区约1.93亿人经历了粮食危机或粮食不安全程度进一步恶化的遭遇，主要分布在中亚、西亚和非洲地区，这些国家大部分为"一带一路"参与国。

公共卫生安全方面，近年来，重大公共卫生事件频发，如埃博拉、禽流感、新冠疫情等，给人民的生命财产造成了巨大损失。"一带一路"沿线国家由于公共卫生安全治理体系相对不健全，在公共卫生事件的应急处置方面能力较弱，无法快速、有效应对突发的公共卫生危机，公共卫生事件成为影响人民生命健康的重要风险。而且，重大公共卫生事件也会对整个社会的运转产生极其深远的影响，例如新冠疫情导致了全球供应链产业链的运转受阻、物价的非正常波动、贸易投资的异常变化、人们心理承受力的下降、社会交往活动的下降等经济、政治、文化各层面远超预期的变化。

"国际秩序另造论"

近年来，西方的一些政界人士和学者提出了一种观点，认为中国是国际秩序的挑战者。他们认为，中国正在挑战西方主导的国际秩序，明显存在某种具有敌意并且针对美国等西方国家的战略目标，并试图成为新的世界霸权。2017年12月美国政府发布的《国家安全战略》宣称，中国是一个"修正主义大国"，试图按照自身偏好来改造国际秩序，在新的"大国竞争"时代"寻求在印度洋—太平洋地区取代美国"，并"塑造一个有悖于（美国）价值观和利益的世界"。拜登政府上台后，同样延续了特朗普政府的立场和站位。例如，美国国务卿安东尼·布林肯曾在公开场合声称："中国正在向基于规则的全球秩序发起挑战。"

实际情况是，中国对改革和完善当前的国际秩序有一定的诉求，但并没有意愿、也没有采取行动来挑战和威胁这一秩序。一些西方学者的研究认为，中国更接近于"现状维护者"。美国哈佛大学教授江忆恩在2003年全面评估了中国参与国际体系的情况，认为中国是一个维护现状的国家（Status Quo Power），中国其实是在接受甚至捍卫现有秩序的许多原则。美国哈佛大学教授约瑟夫·奈（Joseph Nye）在题为《美国的领导力及自由主义国际秩序的未来》的文章中指出："总体而言，中国的行为并非试图完全抛弃自由主义的世界秩序，而是致力于在从中获益的同时扩大自己的影响力。中国的崛起并不意味着美国自由主义秩序的终结。"习近平主席在2015年9月出席联合国大会发表演讲时明确提出，中国将始终做世界和平的建设者，全球发展的贡献者，国际秩序的维护者。作为当前国际体系的构建者和受益者，中国会成为推动国际秩序走向更加包容的建设者。

和平发展的"稳定器"

回顾世界历史，大国的崛起往往与战争相关。但是，中国的大国崛起之路必然不会通过主动发动战争来实现的，而是走和平崛起之路。这就意味着排除军事层面的因素，美西方对中国在政治层面的对抗将更为激烈，以"冷战"思维主导、以意识形态划线的政治博弈将长期存在。

可以看到，网络安全治理赤字主要是由于各国想要争夺规则制定的主导权，2022年的粮食危机主要是由于地缘政治变动所引发的乌克兰危机……这些安全问题的出现均与目前全球不稳定的政治格局有关系。目前，二战以后稳定的政治环境不再持续，和平的红利正在消失，各国之间的不信任感加剧。中国在未来"一带一路"的推进过程中将更加着眼于维护政治安全，去除"一带一路"中的政治不稳定因素。中国将坚持和平外交的理念，通过大力开展元首外交、主场外交等活动，进一步深化合作交流，弥合分歧、求同存异，尽可能与沿线国家达成更广泛的共识。印度和平与冲突研究所研究员Teshu Singh认为，中国领导人在多个场合强调实现中国梦要坚定不移地走和平发展道路。当前中国正在采用各种策略构建稳定、和平的发展环境，以世界各国共同发展拓展中国新的发展空间，"一带一路"正是其中的一部分。

共同富裕的"一带一路"

"一带一路"贸易引擎作用凸显

党的二十大报告提出,中国正加快建设贸易强国。改革开放以来,中国实行积极主动的开放战略,已成为全球140多个国家和地区的主要贸易伙伴,2021年货物贸易总额占全球13%、位居世界第一。2013—2021年,中国与"一带一路"沿线国家进出口总值从6.46万亿元增长至11.6万亿元,年均增长7.5%。其中,2016—2021年,中国与"一带一路"沿线国家的进口总额从2.4万亿元增长至5.0万亿元,年均复合增长率约15%。中国与"一带一路"沿线国家的贸易增速以及对沿线国家的出口拉动远高于中国GDP的平均增速,充分反映了"一带一路"对中国进出口的拉动作用以及对于"一带一路"沿线国家经济发展的促进作用。制度建设方面,中国发起《推进"一带一路"贸易畅通合作倡议》,已有83个国家和国际组织积极参与。双边自贸协定签署的数量不断扩大,级别不断提高,同时,多边自贸协定,包括与欧亚经济联盟签署经贸合作协定,尤其是区域全面经济伙伴关系协定(RCEP)的签署为"一带一路"的高标准自由贸易网络的搭建建立了制度方面的强有力的保障。

全球供应链"东移"的大趋势不会改变

随着欧美推行贸易保护主义,世界经贸格局发生了明显的变化。特别是美国政府近些年挑起大国贸易争端,通过加征关税挑起对华贸易战等手段来减少对中国的进口依赖。近年来，拜登政府大力推进产业外交，在亚太地区推行"印太经济框架"（IPEF）等建立以美国为中心、抗衡中国经贸发展的产业伙伴关系。这是美国转用"供应链韧性战略"作为对华经济竞争的主要手段。这一战略包括两大基本支柱：以"在岸生产"为目标的国内产业支持政策和以"友岸外包""近岸外包"为核心的国际产业外交。这一做法的根本目的是促进美国本土制造业发展，减少对中国的产业依赖，重塑全球供应链，阻滞中国产业发展，以保障美国产业链的绝对安全。

在"供应链韧性战略"的影响之下，全球的供应链被打散，进而走向重构的道路。许多地区的企业将在更大范围内选择上游供应商、原产地和下游出口商、出口地，一些没有受贸易壁垒影响、区位优势突出的中小国家将迎来更多的机会，全球的供应链布局将呈现区域化与"生产本地化"的发展特征和倾向。在这一趋势的影响之下，生产端和需求端将进行更为紧密的结合，并且生产端将会向需求端靠近，以提高对市场的反馈能力和响应速度。例如，国际电动车巨头特斯拉在上海进行了大规模投产，将本地化供应、本地化生产作为其降低成本和快速提高产量的重要方式，目前本地化率已经超过95%。

从需求端来看，中国凭借强大的市场规模，正在释放巨大消费需求潜力，使得全球供应链中心正在向以中国为中心的亚洲地区转移，全球产业链供应链"东移"的大趋势不会改变。预计到2030年，全球中产阶级人口将达到49亿人，其中2/3的中产阶级将汇集在亚洲国家和地区，中国对增量的贡献率超过85%以上；到2040年，亚洲国家和地区中产阶级消费的占比将会上升到50%以上。目前，中国与东南亚新兴市场国家间的贸易形式主要是中国进口中间品并出口最终品，中国从越南、菲律宾、印尼等国进口初级工业品进行生产加工，也向这些国家出口技术含量较高的加工工业品和资本品。随着产业转型升级，中国的产业链分工可能向上中游发展，在中间品贸易领域形成优势。未来可能形成中国向其他国家出口中间品、其他国家生产并出口最终品的形式，但消费市场能够回到中国，从而使得产业资本形成"生产—消费"的良性循环模式。这有利于国际贸易收支平衡，使参与产业分工的国家分享资本积累红利，真正带动其整体的经济增长。

新型全球化的构建

展望未来，"一带一路"将通过推动新型的经济全球化来促进全球经济复苏。旧有的经济全球化是基于西方提出的贸易比较优势理论所形成的全球分工体系，这导致了全球生产效率的提高，但是遭遇了严重的公平赤字。经济全球化背后是单边主义主导的治理模式，是伴随着资本主义在全球力量的不断扩张而实现的，处于资本主义外围的其他国家和地区只是被迫被裹挟其中，并没有太多的自主权。这意味着发展中国家的命运被掌握在西方手中，东南亚金融危机、亚洲金融危机、中东巨变、拉美深陷债务深渊、非洲陷入贫困和社会动荡等均可以证明旧有经济全球化的劣根性。而且，西方现在自毁"华盛顿共识"，主动竖起贸易保护旗帜，大搞贸易保护主义，阻断全球供应链的发展，掉入修昔底德陷阱之中，使得全球经济陷入了增长乏力的状态。目前，全球经济发展陷入前所未有的危机之中，一方面，逆全球化导致经济发展的低效率；另一方面，治理严重缺位导致经济发展的不公平。

新型的经济全球化体系是开放、包容、普惠、平衡、共赢的经济全球化，"一带一路"将改善旧有的经济全球化的顽疾，在新型经济全球化下实现共同富裕。共同富裕是中国改革开放以来的重要实践，是中国式现代化建设的内涵之一。它代表着经济发展过程中要兼顾公平和效率的两大方面，即"做大蛋糕"和"分配蛋糕"的问题。未来，共同富裕是新型全球化所应坚守的准则，"一带一路"则是重要抓手。首先，解决"做大蛋糕"的问题。"一带一路"将以区域合作为突破，以点带面推动全球经济发展。在百年变局演进之下，国际形势十分复杂，达成全球合作共识存在较大的挑战。因此，可以借助区域的经贸合作推动区域一体化进程，与"一带一路"沿线国家达成更多的区域经贸合作协定，建设更多的自贸区，搭建更多的双边、多边合作平台等，从局部拉动沿线国家的经济增长入手，畅通局部的供应链产业链运转，进而推动"一带一路"整体市场的构建。

其次，解决"分配蛋糕"的问题。"一带一路"最重要的不是给全球一个普适性的方案，更不是作为评判一个国家政治体制合法性的标准，而是具有极大的包容性，为国际社会发展提供中国经验，不强迫或指导其他国家经济发展道路的选择。中国作为旧有的经济全球化模式下"中心—外围"中的"外围国家"，通过深度参与全球化并分享全球化发展红利，探索出了一条适合自己的发展道路，而不是不顾本国国情和发展实际照搬西方做法，陷于新自由主义的陷阱之中无法自拔。因此，"一带一路"将持续推动全球化的包容性、平等性与普惠性，反复强调尊重各个国家和地区发展模式的差异性和多样性，支持各国根据本国国情选择适合自身条件的发展道路，不要一味地受到其他国家发展道路的影响，应仔细分析自身的现实情况，提升独立自主的发展能力，立足本国实际、扎根本国国情，才可在全球分工体系之中共享更多的发展红利，通过发展将繁荣带给绝大多数人。以巴斯·维维恩(Bath Vivienne)为代表的学者认为，中国帮助被援助国建立起自己的发展力，并尊重他国选择独立自主的发展道路，坚持平等互利和共同发展。有学者通过分析"中非贸易结构""中国对非投资结构""中国在非洲经济、政府治理、社会转型方面做出的努力及其所产生的可量化的影响"三类数据，论证了非洲本土力量正主导非洲经济与社会发展，中国正帮助非洲走上"去殖民化"的独立自主的发展道路。

文明互鉴的"一带一路"

文明的交流互鉴是"一带一路"发展所必须遵循的理念。"一带一路"倡议蕴含的理念和展现的蓝图，是中国从普遍联系的世界历史大局和沿线国家共同价值追求出发，向全世界提出的超越资本主义生产方式的现代化道路设计。"一带一路"沿线国家覆盖的范围非常广泛，只要认可"一带一路"倡议的国家均可加入，这也导致了"一带一路"沿线国家政治体制差异较大、宗教信仰跨度较广、经济发展水平不一、社会治理能力不同的现实，也因此使"一带一路"涵盖了多元化的文明。这就要求"一带一路"沿线国家要坚持文明之间的交流互鉴，尊重不同文明的多样性与差异性，以对话消除误解，以包容化解分歧，促进不同文明的和谐共生，为"一带一路"的发展奠定思想基础。

以文明交流互鉴超越文明的冲突

冷战结束以后，美国作为唯一的超级大国，比任何时候更需要一种新的处理国际事务的概念框架，这种框架必须是在思想层面实现其他国家和地区对其治理理念的认同。在此背景之下，"文明冲突论""历史终结论"等论调被美国的一些政治战略学者所提出。20世纪90年代中期，美国学者塞缪尔·亨廷顿发表了《文明的冲突》等著作。《文明的冲突》为冷战后世界秩序的演进提供了一种新的思考范式。他认为，未来影响全球政治演变的主要冲突体现为因文化差异、文明的不同所引发的文明之间的冲突与矛盾。《文明的冲突》一书中虽然某些预言在如今得到了证实，比如西方的衰落、非西方的崛起以及中西文明的对抗等，但这些言论的兑现不是基于历史发展规律而形成的自然结果，反而正是美西方秉承着"文明冲突论"的西方中心论思维而人为、主动挑起的冲突。这是美西方塑造冷战后的国际话语权，服务于自身政治企图、外交策略与霸权主义的体现，并不符合文明本身的发展规律。中国提出的"文明互鉴"是中国共产党人在马克思历史唯物主义的指导下，结合中国的发展实践所形成的对人类文明发展走向作出的中国判断。文明互鉴理论遵从文明本身的发展规律，倡导文明和谐共生之美，回应和超越了以"文明冲突论"为代表的"西方文明观"。

"一带一路"影响人们的"世界观"

展望未来，"一带一路"将通过文明的交流互鉴，深化民心相通，影响人们的"世界观"。整体来看，重塑"世界观"的过程将经历纠偏、被接纳到逐渐产生影响力的过程。首先，是打破对于西方"世界观"的迷恋。相当长一段时间以来，一提起"国外"或"世界"，人们脑海中第一反应都是美欧日等国；提起"与国际接轨"，更多指的是与西方接轨。民众出境旅游，多数都往美国、西欧、日韩等国"挤"；国际问题研究也多聚焦西方。这种对发达国家的"世界观"偏好造成了中国与众多发展中国家长期以来"世界观"的巨大盲区。形成这种现象的原因是在殖民主义瓦解的背景下，西方影响世界更多是将思想领域作为战场，使得思想殖民的塑造力和穿透性进一步凸显。西方国家的学术研究，尤其是涉及亚非拉国家的政治和经济理论，往往倾向于为发展中国家指出一条只能继续同西方保持依附与被依附关系的发展道路，而这造成了许多国家前进道路上的重大灾难。现在,"一带一路"建设通过多元文明的交流,开始填补了这种心理盲区,使得人们不再一味地仰视美西方。

其次,中国所倡导的"世界观"逐步被接纳。"一带一路"正以文明的交流互鉴推进"民心相通","民心相通"伴随着中国人真正世界视野的形成,中国社会也正式步入"全球公民"时代。例如,中国与"一带一路"相关国家共同举办"国家文化年"等人文交流活动,创办孔子学院等,通过推动"思想走出去",中国人逐渐完善了自己内心的全球观。更重要的是,从心理上,中国人与整体世界(而不只是西方)正在全面融合,在全球层面上(而不只是部分区域)被正视、被接纳与认可。

最后,中国以人类命运共同体的理念影响着世界人民的"世界观"。习近平主席提出的人类命运共同体思想打破了东西方文明之争的枷锁,也突破了霸权主义、强权政治主导下的世界观,旨在构建一个开放包容、兼收并蓄的命运共同体,实现人类文明的进步和发展。只有以公平正义为引领,以世界人民的共同利益为目的,以构建新型文明为原则,汲取各种文明元素的积极力量,才能够赢得世界人民的认同和支持,真正建成人类命运共同体,促进人类社会和人类文明整体发展。

数字创新的"一带一路"

习近平主席在2017年第一届"一带一路"国际合作高峰论坛上提出了"数字丝绸之路"的概念。"数字丝绸之路"旨在加强"一带一路"沿线国家在前沿技术、数字经济、数字金融、数字产业、数字文化等各领域的国际合作，是实体化"一带一路"在数字层面的映射。"数字丝绸之路"的一个重要应用领域是"新基建"，这个"新基建"是一个超越了传统认知或定义的概念，它的范围涵盖了海陆空多维度，是海洋基建、太空基建推动下的"海陆空"全方位的丝绸之路建设。2019年4月26日，习近平主席在第二届"一带一路"国际合作高峰论坛上再次指出：共建"一带一路"，关键是互联互通，而基础设施建设正是"互联互通"的基石。"新基建"则构筑了"一带一路"数字层面互联互通的基石，对于促进沿线国家在数字层面的协同联动发展具有重要意义。

新基建有深厚的合作基础

太空是继陆地、海洋、大气层之后人类生存发展的第四空间。近年来，中国稳步推进航天领域的基础设施建设，并推进与"一带一路"沿线国家在航天事业方面的合作。同时，中国将推进海底光缆的建设作为海上丝绸之路的重要领域，已经建成连接亚洲、非洲、欧洲等多个地区的海底光缆通道。

太空基础设施建设正快速推进。近几年，中国在太空事业方面所取得的成就主要体现在：一是北斗三号全球卫星导航系统正式开通。习近平主席指出："中国愿同各国共享北斗系统建设发展成果，共促全球卫星导航事业蓬勃发展。"经过北斗一号、二号、三号的发展，北斗系统相关产品已经得到全球许多国家的认可，并且输出到全球100多个国家和地区。同时，基于北斗的精准农业、智慧港口、土地确权、数字施工等解决方案在东盟、东南亚、西亚和非洲等地实现了成功应用。北斗系统还实现了多个应用产品的突破性创新，有力推动了全球经济社会发展。二是太空探索有序推进。近年来，中国将多名宇航员送入太空，同时积极开展对月球、火星的探测，嫦娥工程、火星探测计划稳步推进。今后，中国还将进行对小行星和木星、土星等更远星球的探测工程，并计划建设更多的空间站和永久月球基地以打造更多的太空基础设施建设。

以海底光缆加速推进"海洋丝绸之路"建设。近年来，在国家政策和资金的支持之下，以长飞、亨通、烽火、中天、富通五大企业为代表的中国企业正在持续研发攻关海底光缆关键部件和核心技术，其中亨通已完成5000米的深海测试，在深海海缆制造上实现了重要突破。海底光缆堪称全球"海底信息生命线"和国际互联网"中枢神经"。华为在海缆传输领域的光通信技术具有全球领先水平。近十年来，中国凭借丰富的海底光缆修建经验，修建了连接至亚洲、欧洲、美洲等方向的海缆，例如"亚非欧一号""亚太直达""新跨太平洋"等海缆相继投入使用。其中，"和平"海底光缆项目（Pakistan and East Africa Connect in Europe）颇具代表性。该项目承建方是亨通集团，华为作为亨通的投资方，也提供最先进的技术和产品，例如视频传输、复杂模型解决方案，等等。该项目以中国为起点，途经巴基斯坦、非洲之角，终点是法国马赛。光缆在欧洲的主要节点在马耳他、塞浦路斯和法国，在非洲的主要节点在吉布提、埃及和肯尼亚。该项目将承载连接中国与非洲和欧洲之间的数据传输，大幅提高三地的通讯能力。据彭博社报道，法国政府认为，在"一带一路"倡议框架下的"和平"海底光缆项目将在欧洲起到关键作用。

"海陆空"新基建的新格局

随着越来越多的发展中国家将数字经济作为新的经济增长点，"一带一路"的基建合作将注入更多的数字元素，新基建合作面临巨大的合作需求。新基建是"一带一路"信息互联互通的重要抓手。从海外建设的项目来看，5G网络、大数据中心、特高压、城际高速铁路、城市轨道交通是中国"一带一路"新基建的主要优势领域，这些领域的中国标准也具有很强的国际性。接下来，在基建领域，"中国标准"的出海并引领"一带一路"基建项目建设是主要推进方向。例如，由中国国家电网公司主导突破的特高压输电技术，是迄今为止难度最大、最复杂的电力技术，中国在世界上率先建立了完整的特高压交直流标准体系，共建立了包含7大类79项标准的特高压交流输电标准体系，中国特高压交流输电标准电压被推荐为国际标准电压。

未来，"太空丝绸之路""海洋丝绸之路"将与"数字丝绸之路"在基建领域进行更深层次的对接，使数字化发展在导航定位、通信、数据传输等方面发挥更加重要的作用。从技术角度看，加密技术、保密技术的技术投入将持续增大并有望取得重大突破，尤其是量子密码技术在海底光缆中的应用。上海交通大学现有的研究已经表明了光子极化量子态和量子纠缠可以穿透海水实现保密通信。《纽约时报》刊文称，虽然建造量子计算机是任何国家都在做的事情，但中国在量子保密通信方面领先优势明显。中国已经把量子研究作为重点，并斥资数千万美元用以研发量子保密技术。

中国的新基建并不仅限于陆地，将向海洋、太空进行全方位拓展，形成"陆海空"为一体的丝绸之路格局。位于荷兰莱顿的亚洲研究中心表示，中国建设海底光缆有助于为消费者带来自由竞争的市场环境。第71届联大主席汤姆森认为：中国倡导构建人类命运共同体是人类在这个星球上的唯一未来。在这个过程中，"陆海空"的新基建，包括北斗、5G、物联网、海底光缆将进行深度的链接与融合，进而助力构建海陆空"一带一路一网"的新基建格局，为产业升级、能源转型提供数字基础设施支撑。

绿色低碳的"一带一路"

2016年，习近平主席提出携手打造"绿色丝绸之路"的倡议。2022年3月，国家发展改革委等部门发布《关于推进共建"一带一路"绿色发展的意见》，提出加强与"一带一路"沿线国家在绿色基础设施、绿色能源、绿色交通、绿色贸易等重点领域的合作。"一带一路"的绿色底色将会渗透到"一带一路"的各个方面，推动"一带一路"的绿色转型。

生态优先、绿色低碳的发展道路

绿色经济、低碳经济的发展关系到中国产业升级道路的优化、中国式现代化与中华民族伟大复兴的实现。近年来，中国绿色经济持续发展。一是新能源、可再生能源的发电能力进一步提高，水电、风电的装备居世界第一；二是煤炭清洁高效利用水平进一步提高，煤炭清洁技术达到了世界先进水平；三是新能源汽车市场进一步扩容，产销快速扩大；四是法规制度建设逐渐完善，中国积极制定相关法规制度，完善顶层设计，深度开展国内低碳治理工作；五是低碳技术不断创新，应用场景不断拓展，绿色技术专利申请量、授权量快速增长。2021年国务院新闻办公室发布的《中国应对气候变化的政策与行动》白皮书显示，2020年中国单位GDP碳排放强度比2015年下降18.8%，超额完成了"十三五"目标和对国际社会作出的承诺。

"一带一路"绿色发展的生态体系构建

"一带一路"的绿色发展生态文明体系将会更加完善。中国在发展低碳经济的过程中，通过完善的顶层设计，构建了全面完备的生态发展体系，这一体系包括以实现碳达峰、碳中和为目标的战略体系，"绿水青山就是金山银山"的生态文明体系，产业和环境协调发展的生态产业体系，增强绿色治理能力的生态制度体系等。中国作为负责任的大国，具备向"一带一路"沿线国家分享中国低碳发展经验的基础，构建"一带一路"绿色发展的生态体系。

理念层面，绿色发展理念将形成共识。"一带一路"沿线国家多为发展中国家，经济活力强，但部分国家的经济增长方式不可持续、较为粗放，其能源消耗和二氧化碳排放量呈现快速上升趋势。这些国家在工业化、城镇化快速发展的同时，第二产业在支撑经济发展方面的作用将更加凸显，而第二产业的能源消耗普遍较大，这就意味着"一带一路"沿线国家将面临来自生态环境的严峻挑战以及产业升级转型与可持续经济发展的需求。未来，随着"一带一路"沿线国家经济转型与可持续发展需求的逐渐提高，将带动生态文明整体意识的提高，绿色发展的理念将形成更普遍的共识并得以深入贯彻。

制度层面，有望建立统一规范的碳排放监测核算体系。碳排放核算体系需要以完善的组织架构、统一的标准体系、完善的数据库等作为支撑。

组织架构层面，"一带一路"碳排放核算的顶层设计有望进一步建立和完善，包括碳排放核算标准化委员会的成立，以加强"一带一路"碳排放治理；顶级国际会议机制的建立，以研讨制定碳排放监测核算方面的重大议题；等等。

标准体系层面，有望在构建"一带一路"区域碳排放数据库的基础之上，建立国际统一的碳排放核算标准体系，以加强"一带一路"沿线国家在降低碳排放方面的合作。

数据库建设方面，"一带一路"碳排放数据库将通过促进沿线国家之间数据信息集成共享，为优化沿线各国碳减排路径提供重要数据支撑。

附录

中国人民大学重阳金融研究院图书出版系列

一、智库新锐作品系列

百年变局. 王文、贾晋京、刘玉书、王鹏 著. 北京师范大学出版社. 2020年5月

数字中国：区块链、智能革命与国家治理的未来. 王文、刘玉书 著. 中信出版集团. 2020年3月

二、智库作品系列

大道同行：世界新丝路. 张东刚 主编. 外文出版社. 2023年11月

绿色金融：金融强国的新动能. 王文、刘锦涛 著. 中国金融出版社. 2023年9月

百年变局下中国金融发展的机遇和挑战. 中国建设银行研究院、中国人民大学重阳金融研究院课题组 著. 中国金融出版社. 2023年8月

国有大行品牌价值提升的战略. 中国建设银行研究院、中国人民大学重阳金融研究院课题组 著. 中国金融出版社. 2023年8月

数据要素赋能商业银行变革. 中国建设银行研究院、中国人民大学重阳金融研究院课题组 著. 中国金融出版社. 2023年8月

国际金融法律环境与我国商业银行发展. 中国建设银行研究院、中国人民大学重阳金融研究院课题组 著. 中国金融出版社. 2023年8月

"一带一路"十年答卷丛书（8本9语种）. 张东刚 主编. 外文出版社. 2023年8月

智慧型经济. [俄罗斯]谢尔盖·博德鲁诺夫 著. 中国金融出版

社. 2023年3月

世界眼中的全球发展倡议. 王铁 主编. 外文出版社. 2022年11月

碳中和九问. 中国人民大学重阳金融研究院 编著. 中国财政经济出版社. 2022年6月

碳中和与中国未来. 王文、刘锦涛、赵越 著. 北京师范大学出版社. 2022年6月

中国经贸新形势与地方发展. 王文、赵文阁、刘英 主编. 人民出版社. 2022年4月

财富是认知的变现. 舒泰峰 著. 中国纺织出版社. 2021年12月

称量货币时代. 石俊志 著. 中国金融出版社. 2021年11月

中国金融软实力：金融强国新支撑. 中国人民大学重阳金融研究院 编著. 人民出版社. 2021年10月

迈向绿色发展之路. 翟永平、王文 主编. 人民出版社. 2021年6月

绿色金融的机遇与展望：名家解读中国绿色发展. 中国金融学会绿色金融专业委员会 主编. 中国金融出版社. 2021年4月

转型的世界：对国际体系、中国及全球发展的思考. [斯洛文尼亚]达尼洛·图尔克 著. 外文出版社. 2021年1月

战疫：让世界更了解中国（中、英文版）. 刘元春 主编. 外文出版社. 2020年12月

世界古国货币漫谈. 石俊志 著. 经济管理出版社. 2020年11月

看好中国：一位智库学者的全球演讲（罗马尼亚文版）. 王文 著. Integral出版社. 2020年11月

负利率陷阱：西方金融强国之鉴. 王文、贾晋京、刘英 等著. 中国金融出版社. 2020年10月

货币主权：金融强国之基石. 王文、周洛华 等著. 中国金融出

版社. 2020年5月

成就、思考、展望：名家解读新中国70年辉煌成就. 庄毓敏 主编, 王文 执行主编. 中国经济出版社. 2020年4月

探讨中国发展之路：吴晓求对话九位国际顶级专家. 吴晓求 等著, 王文 主持. 中国经济出版社. 2020年3月

开启亚欧新时代：中俄智库联合研究两国共同复兴的新增量. 王文、[俄罗斯]谢尔盖·格拉济耶夫 主编. 人民出版社. 2019年11月

大金融时代：走向金融强国之路. 王文、贾晋京、卞永祖 等著. 人民出版社. 2019年10月

中国改革开放40年与中国金融学科发展. 吴晓求 主编. 中国经济出版社. 2019年9月

看好中国：一位智库学者的全球演讲（繁体中文版）. 王文 著. 开明出版社（台北）. 2019年9月

最后一场世界大战——美国挑起与输掉的战争. [俄罗斯]谢尔盖·格拉济耶夫 著. 世界知识出版社. 2019年8月

强国与富民. 中国人民大学重阳金融研究院 主编. 中国人民大学出版社. 2019年8月

强国长征路：百国调研归来看中华复兴与世界未来. 王文 著. 中共中央党校出版社. 2019年7月

"一带一路"这五年的故事丛书（7本6语种）. 刘伟 主编. 外文出版社. 2019年4月

伊朗：反妖魔化（中、英、波斯文版）. 王文 著. 伊朗纳尔出版社. 2019年4月

货币起源. 周洛华 著. 上海财经大学出版社. 2019年3月

别误读中国经济. [英]罗思义 著. 天津人民出版社. 2018年12月

看好中国：一位智库学者的全球演讲（英文版）．王文 著．英国莱斯出版社．2018年11月

中国改革大趋势．刘伟 主编．人民出版社．2018年10月

到人大重阳听名教授讲座(第一辑)．王文 主编，胡海滨 执行主编．中国金融出版社．2018年10月

"一带一路"中非发展合作新模式："造血金融"如何改变非洲．程诚 著．中国人民大学出版社．2018年8月

新丝路·新格局——全球治理变革的中国智慧．王利明 主编．新世界出版社．2018年7月

富豪政治的悖论与悲喜．陈晨晨 著．世界知识出版社．2018年4月

"一带一路"民心相通报告．郭业洲 主编．人民出版社．2018年1月

看好中国：一位智库学者的全球演讲．王文 著．人民出版社．2017年10月

风云激荡的世界．何亚非 著．人民出版社．2017年10月

读懂"一带一路"蓝图．刘伟 主编．商务印书馆．2017年9月

全球治理新格局——G20的中国贡献与未来展望．[土耳其]费伊楠、中国人民大学重阳金融研究院 著．新世界出版社．2017年7月

金砖国家：新全球化的发动机．王文、刘英 著．新世界出版社．2017年6月

"一带一路"故事丛书（7本6语种）．刘伟 主编．外文出版社．2017年5月

世界新平庸，中国新思虑．何伟文 著．科学出版社．2017年5月

"一带一路"：中国崛起的天下担当．王义桅 著．人民出版社．2017年4月

绿色金融与"一带一路". 中国人民大学重阳金融研究院、中国人民大学生态金融研究中心 著. 中国金融出版社. 2017年4月

破解中国经济十大难题. 中国人民大学重阳金融研究院 著. 人民出版社. 2017年3月

伐谋：中国智库影响世界之道. 王文 著. 人民出版社. 2016年12月

人民币为什么行. 王文、贾晋京 编著. 中信出版集团. 2016年11月

在危机中崛起——美国如何成功实现经济转型. 刘戈 著. 中信出版集团. 2016年10月

"一带一路"国际贸易支点城市研究（英文版）. 中国人民大学重阳金融研究院 著. 新世界出版社. 2016年9月

中国—G20. 中国人民大学重阳金融研究院 著. 五洲传播出版社. 2016年8月

G20问与答. 中国人民大学重阳金融研究院 著. 五洲传播出版社. 2016年8月

全球治理的中国贡献. 辛本健 编著. 机械工业出版社. 2016年8月

2016：G20与中国（英文版）. 中国人民大学重阳金融研究院 著. 新世界出版社. 2016年7月

世界是通的——"一带一路"的逻辑. 王义桅 著. 商务印书馆. 2016年6月

一盘大棋？：中国新命运解析. [英国]罗思义 著. 江苏凤凰文艺出版社. 2016年4月

美国的焦虑：一位智库学者对美国的调研手记. 王文 著. 人民出版社. 2016年3月

2016：G20与中国.中国人民大学重阳金融研究院 著.中信出版集团.2016年2月

"一带一路"与国际贸易新格局："一带一路"智库研究蓝皮书2015—2016.中国人民大学重阳金融研究院 主编.中信出版集团.2016年1月

G20与全球治理：G20智库蓝皮书2015—2016.中国人民大学重阳金融研究院 主编.中信出版集团.2016年1月

"一带一路"国际贸易支点城市研究.中国人民大学重阳金融研究院 著.中信出版集团.2015年12月

从丝绸之路到世界大陆桥.[美国]黑尔佳·策普-拉鲁什、[美国]威廉·琼斯 主编.江苏人民出版社.2015年11月

财富新时代：如何激活百姓的钱.王永昌 主笔/主编.中国经济出版社.2015年7月

生态金融的发展与未来.陈雨露 主编.人民出版社.2015年6月

构建中国绿色金融体系.绿色金融工作小组 著.中国金融出版社.2015年4月

"一带一路"机遇与挑战.王义桅 著.人民出版社.2015年4月

重建世界秩序：关于全球治理的理论与实践.庞中英 著.中国经济出版社.2015年1月

金融制裁：美国新型全球不对称权力.徐以升、马鑫 著.中国经济出版社.2015年1月

大金融与综合增长的世界：G20智库蓝皮书2014—2015.陈雨露 主编.中国经济出版社.2014年11月

欧亚时代：丝绸之路经济带研究蓝皮书2014—2015.中国人民大学重阳金融研究院 主编.中国经济出版社.2014年10月

重新发现中国优势. 中国人民大学重阳金融研究院 主编. 中国经济出版社. 2014年8月

谁来治理新世界——关于G20的现状和未来. 中国人民大学重阳金融研究院 主编. 社会科学文献出版社. 2014年1月

三、学术作品系列

中国绿色金融发展研究报告2022. 朱信凯、周月秋、王文 主编. 中国金融出版社. 2023年5月

中国绿色金融发展研究报告2021. 朱信凯、周月秋、王文 主编. 中国金融出版社. 2022年3月

中国绿色金融发展研究报告2020. 朱信凯、周月秋、王文 主编. 中国金融出版社. 2020年12月

经济政策不确定性与微观企业行为研究. 刘庭竹 著. 中国人民大学出版社. 2020年10月

"一带一路"大百科. 刘伟 主编, 王文 执行主编. 崇文书局. 2019年12月

中国绿色金融发展研究报告2019. 马中、周月秋、王文 主编. 中国金融出版社. 2019年12月

轻与重：中国税收负担全景透视. 吕冰洋 等著. 中国金融出版社. 2019年7月

中国绿色金融发展研究报告2018. 马中、周月秋、王文 主编. 中国金融出版社. 2018年8月

全球视野下的金融学科发展. 吴晓求 主编. 中国金融出版社. 2018年5月

"一带一路"投资绿色标尺. 王文、翟永平 主编. 人民出版社.

2018年4月

"一带一路"投资绿色成本与收益核算. 王文、翟永平 主编. 人民出版社. 2018年4月

中国绿色金融发展报告2017. 马中、周月秋、王文 主编. 中国金融出版社. 2018年1月

互联网金融风险及监管研究. 刘志洋、宋玉颖 著. 中国金融出版社. 2017年9月

金融杠杆与宏观经济：全球经验及对中国的启示. 中国人民大学重阳金融研究院 著. 中国金融出版社. 2017年5月

从万科到阿里：分散股权时代的公司治理. 郑志刚 著. 北京大学出版社. 2017年4月

DSGE宏观金融建模及政策模拟分析. 马勇 著. 中国金融出版社. 2017年1月

金融杠杆水平的适度性研究. 朱澄 著. 中国金融出版社. 2016年10月

金融稳定与宏观审慎. 马勇 著. 中国金融出版社. 2016年4月

中国艺术品金融2015年度研究报告. 庄毓敏、陆华强、黄隽 主编. 中国金融山版社. 2016年3月

四、金融下午茶系列

有趣的金融. 董希淼 著. 中信出版集团. 2016年7月

插嘴集. 刘志勤 著. 九州出版社. 2016年1月

多嘴集. 刘志勤 著. 九州出版社. 2014年7月

金融是杯下午茶. 中国人民大学重阳金融研究院 编. 东方出版社. 2014年5月

编委会

主　　编：张东刚

主　　任：王利明
　　　　　裘国根
　　　　　庄毓敏

执行主编：王　文

执 笔 人：刘　英　方菏阳　陈　放　陈治衡
　　　　　许　林　徐天启　赵　越　申宇婧

图书在版编目（CIP）数据

大道同行：世界新丝路 / 张东刚主编. -- 北京：外文出版社, 2023.11
（"丝路大道"丛书）
ISBN 978-7-119-13647-9

Ⅰ.①大… Ⅱ.①张… Ⅲ.①"一带一路"－国际合作 Ⅳ.①F125

中国国家版本馆CIP数据核字(2023)第074473号

出版指导：胡开敏

责任编辑：蔡莉莉 李 香
装帧设计：潘振宇 774038217@qq.com
印刷监制：章云天

大道同行：世界新丝路

张东刚 主编

©2023外文出版社有限责任公司

出 版 人：胡开敏	
出版发行：外文出版社有限责任公司	
地　　址：北京市西城区百万庄大街24号	邮政编码：100037
网　　址：http://www.flp.com.cn	电子邮箱：flp@cipg.org.cn
电　　话：008610-68320579（总编室）	008610-68996167（编辑部）
008610-68995852（发行部）	008610-68327750（版权部）
制　　版：北京维诺传媒文化有限公司	
印　　刷：北京盛通印刷股份有限公司	
经　　销：新华书店/外文书店	
开　　本：700×1000mm 1/16	印　　张：13.25　字　　数：150千字
版　　次：2023年11月第1版第1次印刷	
书　　号：ISBN 978-7-119-13647-9	
定　　价：55.00元	

版权所有　侵权必究　　如有印装问题本社负责调换（电话：68995960）